絶対幸せになれるたった10の条件

小川仁志

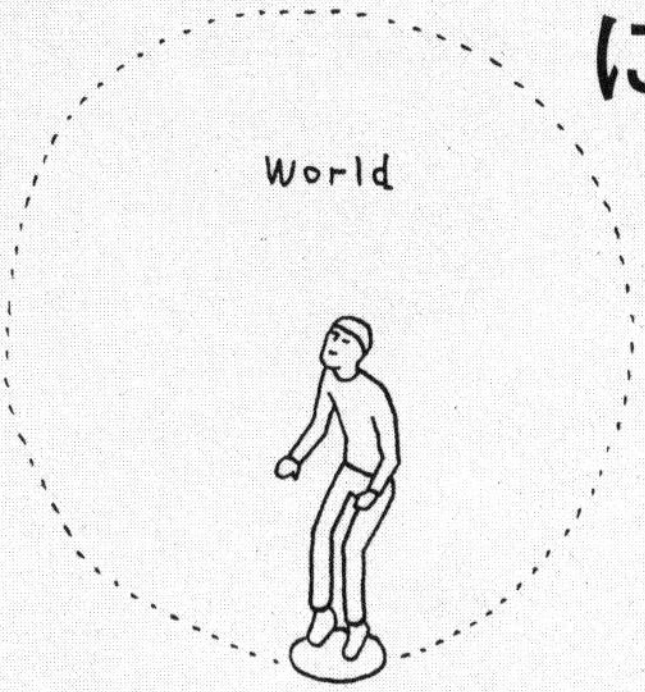

教育評論社

はじめに――哲学は幸福をもたらすか？

幸福論というと、ほとんどが心理学のものです。最近はポジティブ心理学という分野が人気で、実践的な内容を提示していることから、多くの人が講座を聞きに行ったり、本を買ったりしています。もちろんいいことをいっているので、本書でも時々参照しています。

しかし、もともと幸福は哲学の主要テーマでした。なにしろ古代ギリシアの時代から盛んに論じてきたのですから。たとえばアリストテレスは善く生きることを意味する「エウダイモニア」について論じていたのですが、これは幸福を意味する言葉でもあったからです。

そして「三大幸福論」と呼ばれるアラン、ラッセル、ヒルティの幸福論をはじめ、いくつかの優れた幸福論も存在します。何より、いちいち幸福論と名うたなくとも、実質的には幸福について論じた哲学書はたくさんあるのです。少なくとも、幸福に言及していない哲学などないといってもいいくらいです。

ところが現代社会では、哲学の説く幸福論はないがしろにされているのが現実です。おそらくそれは、哲学そのものにまとわりついた「不幸な運命」と同じ理由にもとづくものと思われます。つまり、哲学は難しい、役に立たないというレッテルを貼られてしまっているのです。これが最大の理由です。

本当はいいたいことは実にシンプルで、かつ役に立つものなのに、難解な表現や誤解がもとで、残念な結果になってしまっているのです。そこで本書では、できるだけ平易に表現することで、幸福になるために哲学がいかに役立つか証明してみました。

『絶対幸せになれるたった10の条件』というタイトルは、あたかも自己啓発書のようですが、決してそうではありません。本書はれっきとした哲学書です。しかし、形式は自己啓発書を装っています。なぜなら、自己啓発が目的だからです。哲学を使って変わっていただきたいのです。

私は、哲学こそ本当の幸福をもたらすと信じています。それはこの本を読んでいただければわかると思います。ここに書いてある10の条件を満たせば、誰でも幸福になれるに違いありません。現に私自身これを実践して、今とても幸福を感じているのですから。

人生はいくらでも幸せなものにすることができるのです。それをもし1冊の本が可能にしてくれるとしたら、こんなに簡単なことはありません。本書にも書きましたが、信じることも幸福になる道です。ヒルティが説いているように。

物やお金など物質的なものについての貪欲は幸福の敵ですが、幸福自体に対する貪欲はむしろ幸福に不可欠の要素といえます。ポジティブさが求められるのです。ポジティブ心理学に対抗していうなら、本書で説いているのは「ポジティブ哲学」です。さあ、ポジティブに哲学して、幸福になりましょう！

目次

条件2

没頭する

ラッセルの幸福論

条件3

信じる

ヒルティの幸福論

条件4

楽観的になる

エピクロス派

条件5

シンプルに考える

タオの思想

条件6

ほどほどを心がける

アリストテレスの中庸

条件7

気分転換する

パスカルの幸福論

条件8

受け入れる

ショーペンハウアーの幸福論

条件9

相対化する

プロタゴラスの相対主義

条件10

社交的になる

公共哲学の視点

条件1

ポジティブになる

アランの幸福論

常に希望を持つ
強い意志を持つ
好奇心を持つ
愛する
幸せな人と付き合う

常に希望を持つ

もし幸福になるための一番の近道を尋ねられたとしたら、私は迷うことなくポジティブになることをお勧めします。もちろん本書では10の条件を示しているので、必ず幸せになるためにはどれも必要だと思います。でも、ポジティブになることだけは一番に挙げたいと思うのです。

なぜ人はポジティブになると幸せになれるのでしょうか？　少し考えればわかると思いますが、**ポジティブつまり前向きになるということは、マイナス要素をマイナスととらえないことを意味します。すると落ち込むことがなくなるので、常に幸福でいられるのです。**

では、どうすれば常にポジティブでいられるか。ここで私は、希望を持つということをお勧めしたいと思います。希望とは、これから訪れる喜びへの期待ですね。きっと嬉しいことがあると信じることができれば、前向きでいられるに違いないのです。そのことをわかりやすい言葉で伝えてくれているのが、ラッセル、ヒルティと並んで「三大幸福論」と称されるアランの『幸福論』です。

アランというのはペンネームで、彼の名はエミール・シャルティエ（Emile-Auguste Chartier 1868-1951）といいます。リセと呼ばれる高等中学校の哲学教師でした。そして新聞にプロポ（哲学断章）と呼ばれる形式のエッセーを連載していました。それをまとめたのがこの『幸福論』なのです。したがって、普通の哲学書とは違って、とても読みやすい内容になっています。

たとえば彼はこんなふうに書いています。「われわれの社会は、求めようとしない者には何一つ与えない」。「要するに、豊かになりたいと欲すれば、誰でもそうなれるのだ」と。彼は何もしないことを嫌います。立ち止まってしまっては、幸せになどなれるはずがないということです。だから欲することを勧めるのです。そして動き出すことを勧めるのです。

「不幸になるのは、また不満を抱くのはやさしいことだ。ただじっと座っていればいいのだ、人が楽しませてくれるのを待っている王子のように」。**つまり、幸福になろうとしなければ幸福になれないのです。幸福はつくり出すものといってもいいでしょう。**

とはいえ、過去に失敗した人は、なかなかそんな気になれるものではありません。どうせ頑張っても、またダメに決まっていると思い込むものです。そして希望どころか絶望の末に立ち止まってしまうのです。

しかし、アランにいわせると、絶望を感じること自体が無益だということになります。「要するに、過去を見つめることから生まれるあの悲しみは何の役にも立たない。それどころか、きわめて有害なものだ。なぜなら、それは無益な反省を求め、無益な探求を強いるからである」と。

そういってアランは、過去を見つめることによって生じてくる悲しみや絶望の無益さ、有害さを訴えるのです。絶望なんかしていても、いいことは1つもない。ならば希望を持って前に進もう。なんとわかりやすい理屈なのでしょう!

希望さえ抱いていれば、まるでなんでもうまくいくかのようないい方です。それを禅問答のように表現したのが、これです。「**うまくいったから嬉しいのではなく、自分が嬉しいからうまくいったのだ**」。

これは逆転の発想といえます。私たちは通常、うまくいったから嬉しいに決まっていいます。でも、それは違うというのです。反対に、うまくいったのは、実は嬉しかったから、つまりウキウキ気分でやったからだなんて。そういわれれば、うまくいく時は気分が乗っていますよね。ダメだと思ってやったり、嫌々やっていると、結果もやはり散々です。だからスポーツでもイベントでも、何かをやる前には、「気分を盛り上げていこう」と呼びかけるのです。

どこでもムードメーカーの存在は貴重です。その人のおかげで、みんなの成果が上がるのですから。いい換えるなら、希望を持つことは、それだけで成果に直結するのです。希望のおかげで、時に実力以上の力を発揮することさえあります。スポーツでよくある下馬評をひっくり返すような奇跡の勝利。あれは、まさに希望のなせる業だといえます。弱小チームが、絶対無理そうな相手に勝つ。そこには必ず希望にまつわるドラマがあるのです。アランはそれをいっているのだと思います。

結局、アランにとって希望とは何なのか。彼はずばりこう定義します。「希望は、平和や正義みたいに、望みさえすれば実現できるほどのものの上に築かれるのだから、これを保持するにも意志に頼るしかないのだ」。

そうなのです。**希望とは望むこと。そしてそれを持ち続けるには、意志し続けるより他ないのです**。どうやら希望と意志はつながっているようです。次にそのことについて考えてみたいと思います。

強い意志を持つ

先ほど気分を盛り上げていくことが大事だといいました。ただ、そんなことをいわれても、簡単に気分がよくなるものではないと反論する人がいるかもしれません。アランはそれにもちゃんと答えてくれています。「上機嫌など存在しないのだ。気分というのは、正確にいえば、いつも悪いものなのだ。だから、**幸福とはすべて、意志と自己克服とによるものである**」と。

基本的には、気分などというものはいつも盛り上がっている代物ではなく、むしろ悪いのが普通。この認識も現実的で、かつ正しいですね。だからそれを盛り上げるには、意志の力が必要だというわけです。そう聞くと、アランのポジティブ思考も簡単ではないことがわかると思います。強い意志を持つというのは、いうは易しですが、なかなかできるものではありませんから。

しかし、アランも「人間に苦境を脱出する力があるとしたら、人間自身の意志の中だけだ」といっているように、他に方法はないのです。つまり、ポジティブになるためには、強い意志を鍛えることが求められます。

日本で話題になったケリー・マクゴニガル著『スタンフォードの自分を変える教室』も、実はこの意志力に関する本です。原題は、The Willpower Instinct（意志力の本能）です。ここでケリーは、意志力を磨いて、人生を変えることを提案しています。中でも難しいのは、意志力の持続です。ケリーは、決意を持続させるためのシミュレーションを勧めます。

つまり、失敗するまでの様子を思い描き、それを成功に変えるシミュレーションをするのです。決意を守るためにどのような行動を取ればよいか。モチベーションを思い出す、友人に手を貸してもらうなど。**要は、成功した姿を思い描くことで、目標を達成するために必要なことを着実に行う自信が生まれるというわけです。**

たしかにこの方法でシミュレーションすれば、くじけそうな時に持ち堪えることができそうな気がします。仕事で行き詰まった時、成功したイメージを思い描いて、なんとかあきらめずに初志貫徹する。あるいは、友人との関係がぎくしゃくした時、仲直りしたイメージを思い描き、なんとか乗り越えるというふうに。

ただ、仕事や外部の人との関係については、割とうまくいきそうなのですが、家族との関係となると、一筋縄ではいかないような気がします。仕事や外部の人との関係なら、多少やむを得ないと思えるのでしょう。感情のコントロールもきちんとできるのです。ところが、こと家族との関係となると、それが一転してできなくなるものです。

面白いことに、アランもこの点を指摘しています。「ところで、取り引きや生産といった外での生活では各自みんな自己制御ができて、一瞬一瞬自分をとりもどしている。そういう場ではきわめてうまくいっていることが、私生活においては同じようには成功しない。誰でもみんな、自分の感情の上に横たわる。眠るにはよかろうが、家族という夢うつつの中では、見たものすべてがすぐに棘々しくなる」と。

でも、このことがわかっているなら、**むしろケリーのいうシミュレーションを家族との関係にこそしっかりと適用し、強い意志を持続する必要があるように思います**。一番身近な存在だからこそ、そこがうまくいかないと、幸福になるのは難しいからです。いくら仕事がうまくいっていても、外部の人とうまくいっていても、家族との関係がぎくしゃくしているようでは、落ち着きませんから。

実は私も学校ではぐっとこらえても、家族の間では遠慮がなくなってついつい喧嘩になるようなことを口走ってしまいます。後で後悔するのですが。おそらくそこで一呼吸置いて、「もしこれをいったらどうなるかな？」とシミュレーションしてみる必要があるのでしょうね。それだけで諍《いさか》いの9割は事前に防止することができるような気がします。逆にいうと、今はそれだけの幸福を逃してしまっていることになるわけです。

幸福は強い意志がもたらす。アランは音楽を例にとって、こんなことをいっています。「音楽は、あらゆる例の中でもっともすぐれたものだ。なぜなら、音楽が支えられているのは、声楽の場合でさえも、意志に他ならないから。その後にはじめて快さが生まれるのである」と。

ここでは音楽は象徴的なものですが、あらゆる表現行為が意志を前提にしているといっていいでしょう。**意志があってはじめて、行為が行われ、それによって快楽がもたらされる**。**すなわち幸福がもたらされるのです**。

好奇心を持つ

幸福に関係のある性格として、好奇心を挙げることができます。好奇心は探求心と熱中に分けることができます。探求心は不安を忘れさせてくれるものです。冒険家を見ればば明らかなように。探求心は、いかなる困難も喜びに変えてしまいます。パズルのピースが喜びへのステップになるように。私にとっては哲学もそうです。自由とは何か、幸福とは何かということを考えるのは、喜びなのです。

そして熱中すると、もう不安は完全に消え去ってしまいます。これほど幸せなことはないでしょう。**何かに熱中している人と、そうでない人とでは人生の充実度が異なります**。だから私もよく若い人に、熱中できるものを何か1つでも見つけるようにアドバイスするようにしています。時には面白そうなこと、その人が興味を持ちそうなことを勧めてあげることもあります。それはより経験が豊富な大人の役目だと思っているからです。

もちろん熱中できるものは、自分で見つけるに越したことはありません。アランもこういっています。「人は、棚からぼた餅のように落ちてきた幸福はあまり好まない。自分でつくった幸福が欲しいのだ。子どもはわれわれ大人の庭など虚仮《こけ》にするだけだ。子どもは自分で、砂山と麦藁とでりっぱな庭をつくっている。自分の手で収集したことのない収集家など想像できるだろうか」と。

ここでは、幸福が自らの行動に端を発するものである必要性を論じているわけですが、つまるところそれは好奇心こそが行動に結びつき、それが幸福という結果につながることをいっているわけです。

好奇心によって幸福を見つけ出すことのできる人は、何事に対しても積極的です。反対に、何も見つからない人は、とにかく行動することです。アランはこうもいっています。「何もしない人間はなんだって好きになれないのだ。そういう人間に、まったく出来合いの幸福を与えてごらん。彼は病人がやるように顔をそむける。それにまた、音楽を自分で演奏するよりも聴く方が好きな者がいるだろうか。困難なものがわれわれは好きなのだ。だから、行く道に何か障害があるたびごとに、血が湧き、炎が燃えあがる」と。幸福は困難の先にあるものなのです。

「おさるのジョージ」というアニメをご存じでしょうか？　原題は「Curious George」です。つまり好奇心いっぱいのジョージということです。彼はいつも色んなものに興味を持ちます。そして失敗を通じて学ぶのです。それが子どもにとっては望ましい態度だということなのでしょう。

たとえば、こんな感じです。ある日ジョージははじめて映画館に行きます。ところが、彼が映写機に好奇心を抱いて映写室に入り込んだことで、映写技師を驚かしてしまいます。その結果、映画がストップしてしまうのです。ただ、その中断の間に映写機の仕組みを理解したジョージは、手で影絵をつくって観客を楽しませます。みんな幸せな気持ちになって、めでたしめでたしというわけです。

ここでのポイントは、**単に本人が学ぶだけではなく、いつも周りの人を幸せな気持ちにしてくれるという点です**。ここが重要なのです。子どもたちが好奇心にかられて何かをしているのを見ると、微笑ましくなるものです。そして思わず幸せな気持ちになります。もちろん子どもたちのほうも幸せな気持ちでやっているのでしょう。

愛する

幸福になるには、愛に満たされていると感じる必要があります。恋人でも夫婦でも家族でも、一緒にいるのは愛を感じるためです。そして愛を感じるのは、幸福になるためなのです。一緒にいて愛を感じないのは最悪です。一緒にいることが空しくなるからです。当然不幸に感じます。

問題は、愛は目に見えないことです。おそらく空気や水と同じで、失ってはじめて気づくものなのかもしれません。恋人同士なら愛の言葉をささやき合うのでしょうが、家族となるとそういうわけにはいきません。日常生活の中で、逆に厳しい言葉をぶつける機会のほうが多いという人がいるのではないでしょうか。それでも、ひとり暮らしをはじめたりすると、愛に気づくのです。

アランもこういっています。「家族の中では、とりわけ家族どうしが深い愛情で結ばれている時には、気がねをする者も、仮面をかぶる者もいない。だから、母親は自分の子どもの前で、自分がよい母親であることをあかししようなどとは考えない」と。それゆえ、しっかりした子が親からそっけなくされるのは、むしろ褒美だというのです。いちいち確認しなくても強い愛があるからこそ、そっけなく接する。しかもそれは褒美だと思えだなんて！

だから家族がそっけないなどといって悩まずに、そっけないからこそ強い愛があるのだと安心してください。どうですか？　幸福な気持ちになりましたか？　愛が幸福をもたらすのは、他人に対しても同じです。

つまり、**他人に親切にすると、幸福になるということです**。アランもこういいます。「他人に対して、また自分に対しても親切であること。他人が生きるのを支えてあげること、自分が生きていくのも支えてあげること。これこそ、本当の愛徳である。親切とは喜びに他ならない。愛とは喜びに他ならない」と。

この発想は、敵対している相手に対してさえも通用します。だからアランは、自分のほうから微笑みかけろというのです。「このような親愛の情をぼくの方が見せると、武装して髪を逆立てて迫ってきたこの臆病者の士気がすぐに消えることである。要するに、流れてきた雲のように、たちまち落ち合った2つの気分のうち、一方の気分が微笑みはじめるだけでよいのだ。もし君の方から微笑まないとしたら、君は本当のばか者となる」と。

みんなが敵対する人や怒っている人に微笑みかけ出したら、世界は愛につつまれて、犯罪も戦争もなくなるのかもしれません。そしてみんなが幸福になれるのかもしれません。戦場で兵士は相手の目を見ないといいます。目を見ると相手が人間であることを意識してしまい、引き金を引けなくなるからです。まして、笑顔の人を撃てる人間がいるでしょうか？

戦場で笑顔が無理なら、あの黄色いスマイリーマークを胸につけたらどうでしょう。きっと相手が撃ちにくくなるはずです。そして相手もそれをつけると、自分も撃てない。これって究極の戦争防止装置だと思いませんか!?　ノーベル平和賞、いやイグノーベル賞でもいいからもらえないでしょうか。

それはさておき、人を愛することの効用について最後にもう1つだけ。それは心身共に健康になるということです。アランも、「僕はデカルトの中に、愛の情念は健康によいものであるが、憎悪は反対に、悪いものだというあの考えを見つけた」といっています。**人を愛することで幸せになれるのなら、こんなに簡単な方法はありませんよね。**

幸せな人と付き合う

ところで、なぜ人は幸せにならなければならないのでしょうか？　別に不幸のまま生きようが、人の勝手だとも思えるからです。ところが、アランはそうは考えません。幸福は他人に対する義務でもあるといいます。そして、幸福になった人は、素晴らしい手本を示してくれた人だから、大いに讃えられるべきだというのです。

たしかに私たちは他人の幸せを羨み、妬むことが多いです。しかしそれと同時に、他人の幸せに癒され、励まされることもあるはずです。子どもたちの幸せそうな笑顔に癒されない人はいないでしょう。貧乏のどん底から、努力してお金持ちになった人の人生に、皆励まされるでしょう。

私が最初に書いた本は、『市役所の小川さん、哲学者になる　転身力』というものでした。これは5年弱にも及ぶフリーター時代の苦難を乗り越え、市役所職員を経て哲学者として活躍しはじめた私のサクセスストーリーを紹介したものです。なぜ私がこのような本を書いたかというと、別に「俺ってすごいでしょ」などといいたかったわけではなくて、あくまで若い人たちを勇気づけたかったからです。

私が幸福になった話を紹介することで、同じような悩みを抱えている人たちが勇気づけられ、幸せになってもらえるといいなと思ったから書いたのです。そして実際に、「元気をもらった」とか、「僕も小川さんのように頑張ります」といった嬉しい声をたくさんもらいました。私の幸福が、誰かの幸福につながっていったのです。

このように幸福は周りの人の人生を幸福にする効果を持っています。だからみんな幸福になったほうがいいのです。自分は不幸だという人ばかりだと、不幸が蔓延して暗い世の中になってしまいますから。アランはこういいます。「幸福になる決意をした人たちを、報酬として何か市民の月桂冠のようなもので表彰することを提案したい」と。

幸福になった人は祝福されます。**拍手喝さいを浴びます**。**あれはその人を称えていると同時に、人々が幸福を見せてもらったことに対する感謝の意を表しているのです**。そんなつもりじゃないといわれるかもしれません。しかし、スポーツでも芸術でも、技術への評価と共に、やはり感動を与えてくれたことへのお礼の気持ちが含まれていることは間違いないでしょう。

幸福になれないと嘆いている人は、まず幸福な人を探してください。幸せな人と付き合うことで、幸せが伝染するのですから。幸せな人の周りには必ず幸せな人たちがいるものです。家庭もそうです。幸せな家庭にいると幸せな気持ちになります。国家もそうでしょう。幸せな国の国民は、皆幸せなはずです。金銭的なものを幸福の指標にしないブータンは、よく幸せな国だといわれます。

もっとも、それはGDPが低いので、わずかな経済発展が幸福感につながっているだけだという人もいます。でも、そんなことは実はどうでもいいのです。大切なことは、どんな理由であっても、国民が幸福を感じていることです。幸福が伝染するものである以上、幸福な国民がいる限り、幸福が永続するはずですから。

—条件1—　ポイント

幸福はつくり出すものなので、
幸福になろうとしなければ幸福になれない。

意志があってはじめて、
行為が行われ、
それによって快楽がもたらされる。

好奇心こそが行動に結びつき、
それが幸福という結果につながる。

敵対している相手にさえ
愛を差し向けることで幸せになれる。

幸福は周りの人の人生を
幸福にする効果を持っている。

条件2

没頭する

ラッセルの幸福論

没頭する
熱くなる
工夫する
遊ぶ
努力とあきらめ

没頭する

「幸福な人生は、不思議なまでに、よい人生と同じである」。これはイギリスの哲学者バートランド・ラッセル（Bertrand Arthur William Russell 1872-1970）の『幸福論』に出てくる言葉です。三大幸福論の著者のひとりです。もともとラッセルは、数学や記号を論理学の手法によって分析することで、現代分析学の基礎を築いた人物です。そんな彼が、次第に社会を幸福なものにしていくための情熱的な活動家に変わっていったのです。アインシュタインらと共に核兵器の廃絶と科学技術の平和利用を訴えた「ラッセル＝アインシュタイン宣言」は有名です。おそらくそんな彼の情熱の部分がこの幸福論を書かせたのだと思います。

したがって、**ラッセルの幸福論を一言で形容するなら、「没頭」という表現がぴったりなのではないかと思います**。彼はこういいます。「必要なのは、自己否定ではなく、興味を外へ向けることである。そうすれば、おのずと、自然発生的に、おのれの美点の追求に専念している人なら意識的な自己否定によってはじめて実行できるような行為が可能になるだろう」と。つまり、興味を外に向けて没頭することで、私たちは幸福を実現できるというわけです。

没頭することが大事なのですが、そのためには興味を外に向けて、没頭できることを探す必要があります。ラッセルはまずその点を強調するのです。「外界への興味は、それぞれ何かの活動をうながし、それは、その興味が生き生きとしているかぎり、倦怠を完全に予防してくれるのである」と。

ここで気づくのは、興味を持つことを阻むものとして、倦怠の存在に着目している点です。なぜ倦怠がいけないかというと、人生から快活さを奪うからです。だから退屈していてはいけないのです。そこで人類は、退屈をしのぐために多くの発明をしてきました。文明の進歩は退屈との戦いだったといっても過言ではありません。

にもかかわらず、私たちは退屈自体については、あまり真剣に考えようとはしません。ラッセルも同じような感想を持っていました。「人間の行動の一因子としての退屈は、私見によれば、払われてしかるべき注意をほとんど払われていない」と。

では、どうすれば退屈をしのぐことができるのでしょうか？　ラッセルは「興奮」にヒントを見出します。私たちは興奮さえあれば、退屈をしのげるというのです。狩りやゲーム、そして戦争さえも、人類の退屈しのぎとして生み出された側面があるといえます。人々はそこから興奮を得ることができるからです。

ところが、意外にもラッセルは、だから退屈を避けるようにあらゆる努力をせよというのではなく、むしろ退屈に慣れろと主張します。たとえば、単調な生活に耐えられる大人になるように、子どものころからあまり刺激を与え過ぎてはいけないといいます。

たしかに人間の興奮にはきりがありません。順応性という能力が備わっているからです。そのせいで、100キロのスピードに慣れた人は、150キロを求め、それに慣れた人はさらに200キロを求めるのです。だから単調さに満足できるほうがいいというわけです。

没頭できることが幸せであるのなら、没頭できることが多いほどいいということになります。その余地を残しておくためにも、退屈に慣れておく必要があるわけです。そう考えると、**本当は単調な生活の中にこそ幸福のヒントがあるといえるのかもしれません。**

ラッセルもこのように結論づけています。「幸福な生活は、おおむね、静かな生活でなければならない。なぜなら、静けさの雰囲気の中でのみ、真の喜びが息づいていられるからである」と。

熱くなる

「この章では、幸福な人たちの最も一般的で、他と区別される特徴と私には思われるものを扱うことにしよう。すなわち、熱意である」。そういってラッセルは、熱意を幸福のための条件として挙げます。

熱くなるというのは、物事の虜になることをいいます。ラッセルが「空腹の食べ物に対する関係は、熱意の人生に対する関係に似ている」と表現するように、それはもう本能のようなものです。空腹が満たされると幸せですよね。**熱意が満たされると、人生は充実するのです**。**そして幸福を感じるわけです**。

逆にいうと、熱意のない人生など考えられないのです。それは食事に興味がないのと同じくらいつまらない人生です。物事の感想を聞かれて、「普通」だとか「別に」と答える人がいますが、これほどもったいないことはありません。私はできるだけ凝った言葉で表現するようにしています。なんでも気持ち次第で面白く感じることはできるはずです。ラッセルもこんなふうにいっています。

「熱意の形は無数にある。覚えている人もいるだろうが、シャーロック・ホームズは、ふと、通りに落ちている帽子を見つけて、拾いあげた。いっとき、その帽子をながめたあとで、その持ち主は酒で身を持ちくずし、妻はもう昔ほど彼を愛していない、といった。何気ない物からこれほど豊かな興味を与えられる人にとって、人生は退屈であるはずがない。田舎道を散歩している時、どれほど種々さまざまなものに気づくことか、考えてみるがいい」と。

熱意は想像力の裏返しでもあるのです。同じ景色を見て、「なんの変哲もない山だな」と思うのと、「これはすごい！　きっと過去に大きな地殻変動があったに違いない」などと想像するのとでは、関心の持ち方が変わってきます。関心の程度が違うと、感動の度合いも異なるのです。

私が感動しやすいのも、このことに関係しているかもしれません。そもそも哲学者は、自由だとか愛だとか、抽象的な概念について思考をめぐらせ、1冊の本が書けてしまうくらいの能力を持っています。そうでないと務まらないのです。だから石ころ1つ見ても、その意味を考え、しばし思索にふけります。

美術館なんて行ったらもう大変です。1枚1枚の絵の意味をずっと考え出すので、なかなか動けなくなってしまうのです。足が痛くなるまで立ちすくむこともあります。これはもう職業病といってもいいでしょう。でも楽しいのは確かです。同じ物事を見たり、体験したりして生きるのなら、感動が多いほうが幸せに決まっていますから。それは私たちの熱意次第なのです。

とはいえ、**ラッセルによると熱意は無限大であっていいというわけではありません**。「おい、水を差さないでよ」といいたくなりますが、ここがラッセルのすごいところです。彼はこんなふうに釘を刺しています。

「ある種の事柄がわくを形成していて、個々の情熱は、それを不幸の種にしたくなければ、そのわくの中に納まっていなければならない。そういう事柄には、健康、人並みの能力があること、必需品が買えるだけの収入、妻子への義務といった最も基本的な社会的な義務などがある」と。

つまり、物事には彼がいうところの「わく」があるのであって、熱意がその「わく」を超えると、反対に不幸になってしまうということです。いくら熱意が高まったからといって、妻子への義務をないがしろにするようでは、幸福になれるはずはありません。このバランス感覚が、ラッセルの特徴といえます。

北野武の映画に『アキレスと亀』という作品があります。芸術家の主人公が芸術に熱意を持ち過ぎるあまり、家族をもないがしろにし、崩壊していく様が描かれています。**熱意と義務のバランスの上に、真の幸福は成り立っているのかもしれませんね**。私も美術館で長居し過ぎて、家族に愛想をつかされないように気をつけたいと思います。

工夫する

不便なことがあると不幸に感じます。でも、私たちはその状態に甘んじることはありません。必ず何か手をほどこして、不便を解消しようと努めるのです。その営みを「工夫」といいます。つまり、**人間は工夫をすることで幸福を得ようと努める生き物なのです**。

ラッセルもそのことについて論じています。「精神は、不思議な機械であって、提供された材料をまったく驚くべき仕方で組み合わせることができるが、外界からの材料がなければ無力である。また、ソーセージ製造機と違って、精神は、自力で材料をつかまえなければならない」と。

材料さえあれば、人は驚くべき仕方で工夫し、新しい物事を生み出すのです。**そして幸福を享受することになります**。これは機械にはできないことなのです。おおよそ人間の仕事というのは、機械と異なり、このような工夫の余地があるから面白いのです。

ラッセルは、「仕事をおもしろくする主な要素は、2つある。1つは技術を行使すること、もう1つは建設である」といっています。まずは「技術」に関する彼の見解を見てみましょう。

「何か並みはずれた技術を身につけた人は誰でも、それが当然のことになるまで、あるいは、もうこれ以上は上手になれないというところまで、その技術を行使することを楽しむものである。こうした行動への動機は、幼年期初期にはじまる。たとえば、逆立ちのできる男の子は、2本足で立つのをいやがるようになる。多くの仕事は、技術を競うゲームから得られるのと同じ喜びを与える」

つまり、技術というのは、それを向上させることで、自分自身の能力の向上が可視化されるため、面白みを感じることができるのです。と同時に、他者と競い合うこともできます。しかもそれは、子どもが夢中になるスキルアップと同じ理屈だというのですから、楽しいはずです。

したがって、ここで求められる技術には無限の可能性がなくてはいけません。3種類程度しかなくて、すぐにマスターできるなどというのではちっとも面白くないのです。無数にあって、しかもどこまでもスキルアップできるというものである必要があります。

そこはラッセルも強調しているところです。

「熟練を要する仕事は、すべて楽しいものにすることができる。ただし、必要とされる技術は、変化に富むか、無限に向上させうるものでなければならない。こういう条件がなければ、最高の技術を身につけた時には仕事はおもしろくなくなってしまうだろう」と。


次に、「建設」に関するラッセルの考えを見てみましょう。「最もすぐれた仕事には、しかし、もう1つの要素が含まれる。この要素は、幸福の源としては、技術の行使よりもなお一段と重要である。それは、建設性という要素だ」。こう述べた後、彼は建物の魅力について熱っぽく語ります。一言でいうと、次のような感じです。

「建設の仕事は、完成したあかつきにはつくづく眺めて楽しいし、その上、もうどこにも手を加える余地がない、といえるくらい完璧に完成されることは決してない。**最も満足すべき目的とは、1つの成功から次の成功へと無限に続いて、決して行き詰まることのない目的である**」

この言葉を聞くと、スペインのサグラダ・ファミリアを思い起こさざるを得ません。

アントニ・ガウディの名作とされる宗教建築です。着工以来100年以上たった今もなお、建築が続いています。この建築物の場合、永遠に完成しないのではないかと思わせるところに魅力があります。まさにラッセルのいう「決して行き詰まることのない目的」を追求しているように思えてならないのです。

つまり、基本は技術の話と同じです。建設の場合も、ラッセルはどこまでも極めることができる点に面白さを見出しているわけです。違いは、対象の完成形に着目しているところでしょうか。たしかに、偉大な建築物には、人間の能力の無限の可能性を感じることがあるものです。

ただ、これは建設に限った話ではないように思います。どんな仕事でも技術が求められますし、完成形というのがあるものです。**そこにどれだけ工夫の余地を見出すことができるかでしょう。それ次第で、幸福の度合いも変わってくるのです。**もちろん仕事だけでなく、日常のあらゆる営みについても同じです。

遊ぶ

人間は遊ぶ存在だと主張する哲学者は少なくありません。フランスの哲学者カイヨワ（Roger Caillois 1913-1978）やオランダの歴史家ホイジンガ（Johan Huizinga 1872-1945）などもそうです。おそらく、**人間の基本は遊びなのでしょう。しかし、働かなければ生きていけない。だから働くわけですが、ただ働くのではつまらないので、そこに遊びの要素を見出そうとするのではないでしょうか**。たしかに遊んでいる時、人は幸せを感じるものです。

ラッセルは仕事の喜びについて語る中で、このことを示唆しているように思います。彼はこういいます。「仕事を通して喜びを引き出せるのは、著名な科学者だけでないし、また、主義主張の擁護を通して喜びを引き出せるのは、大物政治家だけではない。仕事の喜びは、何か特技を伸ばせる人なら誰にだって感じられる。ただし、大向こうをうならせることなど考えずに、おのれの技術を生かすことで満足を得ることができれば、の話である」と。

自分の特技や技術を生かすことで、仕事はいくらでも楽しくなるというのですが、見方を変えると、これは遊びの要素を入れることの勧めにもとれるのです。つまり、遊びの最大の特徴は積極性と工夫、そして楽しむことにあります。**仕事は受け身でやっている限り遊びにはなり得ませんが、積極的に取り組み、工夫をし、楽しむことができれば、それはもはや遊びと同じなのです**。

もちろん、責任が伴うとか、対価がもらえるという形式上の違いはありますが、やっていること自体は同じです。たとえば、工夫ができて面白い工事と、工夫ができず面白くないトランプゲームだと、はたしてどちらが遊びでどちらが仕事なのか内容だけからは区別できないはずです。

先日ユニークな発明や取り組みを表彰するイグノーベル賞に、7年連続で日本人が選ばれたというニュースがありました。イグノーベル賞は、もちろん本家ノーベル賞のパロディです。だから「イグ」という否定の接頭辞がついているのです。英語のignoble（不誠実な、下劣な）に掛けてもいるそうです。

そこでノーベル賞とはまったく異なり、ちょっとおバカな発明品などが表彰されたりもするのです。たとえば過去には、浮気を発見するために、パンツにスプレーをかけると精液が青く光る発明が受賞したこともあります。しかし、今回のように心臓移植したマウスにオペラを聴かせると、そうでないマウスより長生きすることを発見したという素晴らしい事例もあります。「これは本物のノーベル賞でもいいのでは？」と思ってしまいますよね。実際、イグノーベル賞をとった人が、その後本物のノーベル賞を受賞した例もあります。

ここで感じるのは、**やはり遊び心のもたらす威力です。ちょっと遊び心があると楽しくなるので、人は工夫するものなのです。**イグノーベル賞はその成果でしょうし、ノーベル賞でさえもまたその成果だと思うのです。

これは私も自分の経験からよくわかります。すでにご紹介したとおり、哲学者と名乗って教育や言論活動をするようになる前、総合商社や地方自治体で仕事をしていたことがあります。しかしいずれの職場でも、大した成果を残せていません。正直にいうと、商社でも自治体でもお荷物扱いでした。ところが今は年に何冊も本を出し、次々に思い浮かぶアイデアをまちづくりなどに実践しています。

今と当時との違いは何かというと、これは決して職種の違いではなく、楽しんでいたかどうかだと思うのです。当時はそのことに気づきませんでした。ただ与えられた課題をまじめにこなすのが仕事だと思っていたからです。当然工夫することもなく、仕事に面白みを感じることができなかったのです。

とはいえ、たとえ仕事を遊びにできなくても、人生不幸になるというわけではありませんのでご安心ください。その場合は、同時に本当の遊びを楽しめばいいのです。つまらない仕事だけの人生では、本当に不幸になってしまいますから。ラッセルもそういっています。

「つつましい主義主張に献身することとあまり違わないのは、趣味に熱中することだ。現存の数学者の中で最も高名なひとりは、自分の時間を数学と切手収集に二等分している。たぶん、数学の研究が行き詰まったような時、切手収集が慰めになるのだと思われる」と。

人生に遊びの時間を確保することは慰め、つまり精神の安定にも役立つのです。英語の有名な格言「All work and no play makes Jack a dull boy.（よく遊び、よく学べ）」は、大人にも当てはまります。遊ばない人がどれだけ鬱になっていることか。企業や自治体は、強制的に遊ばせる仕組みを導入してもいいような気がします。3時になったらコーヒーブレイクを取るだけでなく、みんなで1時間ほど遊ぶとか!?

努力とあきらめ

努力はわかりますが、あきらめが幸福につながるというのはどういうことでしょうか。実はラッセルは、**努力とあきらめの間でバランスをとることによって、幸福になれると考えているのです**。まず努力を支持する立場から見てみましょう。

「幸福は、きわめてまれな場合を除いて、幸福な事情が働いただけで、熟した果実のようにぽとりと口の中に落ちてくるようなものではない。だからこそ、私は本書を『幸福の獲得』と呼んだのだ」

あるいは次のようにいいます。「以上のような理由で、幸福は、たいていの男女にとって、神の贈り物であるよりも、むしろ、達成されるものでなければならない。そして、これを達成する際には、内的ならびに外的な努力が大きな役割を演じなくてはならない」。

いずれも幸福が単に与えられるものではなく、努力によって獲得されるものであることを強調しています。これはわかりやすいですね。たしかに幸せは手に入るかどうかわからないものです。ただ、幸せは部屋に閉じこもっていてもやってこないのは確実です。**何か行動を起こし、自分で求めていかなければ、幸せになるチャンスさえもつかめないのです**。

次に、あきらめによる幸福を見てみましょう。「しかし、あきらめにも、また、幸福の獲得において果たすべき役割がある。その役割は、努力が果たす役割に劣らず欠かすことのできないものだ。賢人は、妨げうる不幸を座視することはしない一方、避けられない不幸に時間と感情を浪費することもしないだろう。また、それだけなら避けられるような不幸に見舞われたとしても、もしも、それを避けるのに必要な時間と労力がもっと重要な目的の追求を妨げるようであれば、進んでその不幸を甘受するだろう」。

要はあがかないことも大事だということです。**不幸が避けられない、あるいはそれを避けるために多大なる犠牲を払わないといけない場合、むしろ不幸を選ぶということです。そのほうがある意味では幸福なのですから**。これが努力とあきらめのバランスの意味するところです。やみくもに努力すれば常に幸福になるわけではなく、時にあきらめも必要だということですね。

ラッセルの哲学が深いのは、ここで終わらないところです。彼はさらにあきらめについて論を進めます。「あきらめには、2つの種類がある。1つは絶望に根ざし、もう1つは不屈の希望に根ざすものである。前者は悪く、後者はよい」と。もちろん、絶望がだめなのは誰にもわかると思います。では、不屈の希望に根ざすあきらめとは何か？

ラッセルはこんなふうにいっています。「あきらめの根底に不屈の希望のある人は、まるで違ったふうに行動する。希望が不屈になるためには、高邁で非個人的なものでなくてはならない。私の個人的な活動が何であろうと、私は死によって、あるいは何かの病気によって、敗北させられるかもしれない」と。

つまり、**高邁で非個人的な希望があれば、あきらめても意味があるというのです。そこにはまだ残るものがあるから**。ラッセルはさらに言葉をつなぎます。「しかし、個人的な目的が、人類のためのより大きな希望の一部であった場合は、たとい挫折したとしても、同じような完膚なきまでの敗北ではない」と。

ここで彼は世の中の改革に挫折した人の例を挙げ、それでも人類の未来そのものへの関心が残るならいいではないかというのです。たしかにあきらめの中にかすかな幸福の光を見出すには、このように考えるより他ないのかもしれませんね。先ほども紹介したように、ラッセル自身、核兵器の廃絶のために行動を起こしました。1955年のことです。おそらくそれは米ソが対立する冷戦という当時の世界情勢に鑑みると、理想に過ぎなかったことでしょう。

でもラッセルは自ら書いたように、不屈の希望を抱いていたのだと思います。自分ひとりではできなくとも、いつかこれが平和の実現につながると。あれから半世紀以上が過ぎ、いまだに核兵器の廃絶は実現されていません。でも、今を生きる私たちも不屈の希望を捨ててはいけないのだと思います。それは永遠に幸福をあきらめてしまうことを意味するのですから……。

—条件2—　ポイント

没頭できることが見つかれば
幸せになれる。

同じ物事を見たり、体験したりして生きるのなら、
感動が多いほうが幸せに決まっている。
それは私たちの熱意次第。

人間は工夫をすることで
幸福を得ようと努める生き物。

遊んでいる時、
人は幸せを感じるもの。

努力とあきらめの間で
バランスをとることによって、
幸福になれる。

条件3

信じる

ヒルティの幸福論

信じる
純粋な心になる
勇気と謙遜
働く
不幸を受け入れる

信じる

信じる者は救われるといいますが、信じる者が幸福になるというのもまた真理です。

それはスイスの哲学者カール・ヒルティ（Carl Hilty 1833-1909）の思想を見てみるとよくわかります。三大幸福論の3つ目です。

ヒルティはもともと法学を修め、弁護士として働いていました。その道ではスイス陸軍の裁判長にのぼりつめたほどの有能ぶりです。ただ、同時に大変熱心な勉強家でもあり、文才にも長けていたことから、ベルン大学の教授として招聘されます。そこで法学に限らず、博学を生かして幅広い著作活動を行ったのです。中でも彼が強く感化された書物が聖書であったことから、宗教倫理的著作を多く著すことになったのです。その1つがこの『幸福論』であるといえます。

したがって彼の幸福論の特徴は、これがキリスト教の信仰にもとづくものである点です。ヒルティは、「人が意識に目覚めた最初の時から意識が消えるまで、最も熱心に求めてやまないものは、何といってもやはり幸福の感情である」と断言しています。それほど幸福を重視しているのです。そして、そんな幸福は「神の世界秩序との内的一致であり、こうしてまた神の側近くあるという感情であり、不幸は、神からそむくことであり、たえざる内心の不安であり、生涯の終わりになんらの収穫も残さないことである」といいます。

とはいえ、彼のキリスト教信仰は、決して神を信じればそれで救われる、幸福になれるというようなものではありません。むしろ、罪の償いは、各人が自らの責任においてなされねばならないと考えていたのです。**したがって単に教会で礼拝をしていればいいというのではなく、キリストにならい、自らもまた努力し、働くことを説くのです**。だからこそ、ヒルティの言葉はキリスト教徒ではない人たちにも響くものがあるのでしょう。

さて、そんなヒルティですが、やはり信仰がベースとなっている以上は、信じることで救われるのは間違いありません。したがって、ちゃんとこういっています。「幸福は必ず得られるものだと信じている。もしそうでなかったら、むしろ沈黙して不幸を忍び、これを口にすることによってかえって不幸の自覚を深めない方がいいだろう」と。**信じ**

る者は幸福になれるのです。**いや、信じる者しか幸福になれないといったほうが正確でしょうか**。

そこで、何を信じればいいのかが問題になります。ヒルティの答えはこうです。「幸福の第一の、絶対に欠くことのできない条件は、倫理的世界秩序に対する堅い信仰である。このような秩序なしに、世界はただ偶然によって、あるいは、弱者に対する取り扱いはほとんど残酷なまでに厳しい自然法則によって、支配され、または人間の策略と暴力とによって動かされるものだとするならば、個人の幸福などはもはや問題にならない」。

つまり、世界は倫理に満ちた秩序あるものだと信じろというのです。そう信じることで心が満たされるわけです。この世はもうだめだと思ってしまっては、幸福になどなれるはずがありませんから。これはよくわかります。

ところで、**信じて幸福になれる対象は神だけではありません**。**人を信じることによっても、私たちは幸福になれるのです**。誰かを信じて、相手がその信頼に応えてくれた時ほど嬉しいものはないですよね。人間の素晴らしさを感じる瞬間でもあります。「信頼がある」ということが徳として称えられるのは、そのほうが役に立つといった功利的な理由にもとづくわけではありません。むしろ信頼が人間にとって貴重な幸福の源泉でもあるからなのです。

もちろん、その反対に、信じて裏切られることもあります。そのショックは相当のものです。でも、裏切られるのが怖くて人を信じないくらいなら、仮に裏切られることになっても信じたほうが幸せだと思うのです。なぜなら、**信じるという行為は相手に対するものだけでなく、自分自身に対するものでもあるからです**。信じることをやめてしまっては、自分を失ってしまいます。それは永遠に幸福から遠ざかってしまうことを意味するのです。

純粋な心になる

赤ちゃんの笑顔は無垢だといいますね。赤ちゃんは本当に幸せなのでしょう。なぜなら、心が純粋だからです。つまり幸せになれないのは、もともと持っていたはずの純粋な心を失っていくからです。人を疑ったり、憎んだり、欲を持ったり……。そんな汚れた心が私たちから純粋さを奪っていきます。そして笑顔は醜くなり、幸せも逃してしまうのです。

だから私は、**純粋な心を取り戻すことが、幸福になるための方法の1つだと考えています**。この点についてヒルティは、素朴を愛するということをいっています。彼の時代には、素朴を愛する傾向が見られると書いているのです。そして、そうした傾向が18世紀の終わりにもあったとして、フランスの女王マリー・アントワネットが羊飼いの真似事をしていた史実を挙げています。つまり、彼らは素朴な生活を真似て、幸福感を得ているということです。

これは私たちの時代の流行でいえば、スロー・ライフのようなものでしょう。大量生産型のせわしない生活をやめて、むしろ地産地消型のゆったりとした生活を送ろうとする思想や運動のことです。そんな素朴な生活に幸福を感じる人がいるのはたしかです。私自身、山口県の田舎に住んでいるのは、やはり素朴な生活に幸福を感じているからです。できることなら、通勤ラッシュで1日のエネルギーのほとんどを使うような生活は送りたくありませんから。

「地下鉄がないと不便でしょ?」と東京の人にいわれたことがありますが、常に自分の車で悠々と移動できるのはどんなに快適か。好きな音楽を聴きながら、田園風景の中を走る。これは田舎に住んでみないとわからないことです。

おそらく車より地下鉄が便利だという発想は、車が混んだり、駐車するところがなかったりする都会の環境が前提になっていることと思います。田舎では車が混むこともなければ、駐車する場所に困ることもないのです。一度田舎暮らしの快適さを知ってしまうともうやめられません。

純粋に生きるというのは、ライフスタイルの問題だけではありません。価値観やものの考え方の話なのです。ヒルティもこういっています。「われわれが最後に、一般にいいたいことは、およそ地上のものはあまりこれを重要視してはならないということである。**われわれが『天に頭をさし入れて』生活していれば、地上の多くのものは、じきにどうでもいいものになってくる。主要事さえうまく行っていれば、その他の小事に重きをおく必要はない**」と。

細かいことはどうでもいいのです。こだわるから苦しむことになるのです。大事なことさえうまくいっていれば、それでいいじゃないですか。だいたい、すべてうまくいくはずなどないのです。**それよりむしろ、心の中身のほうを気にすべきです。ヒルティは、偏見を捨てよといいます**。

「誰でも人生の正路を行こうとする人はみな、まず一切の偶像を容赦なく投げ捨てねばならない。家柄、境遇、習慣などによって得た偏見をすっかり捨て去ることは、まことの幸福への第一歩である」と。

たしかに、物事を疑うのは嫌なものです。私たちの頭の中は偏見に満ちています。偏見が人の性格を歪め、幸福から遠ざけるのです。**だから偏見を捨てることができれば、どんなに幸せになれることか**。

それは誠実に生きるということでもあります。ヒルティはこう表現します。「常に義務に忠実な人のやましくない良心は柔らかな休息の枕だ、と諺にいわれている。われわれは、そうした良心の持ち主に祝福を送ろう」と。

誠実な良心を持つということがどんなに困難なことかは、彼が祝福を送ろうとまでいっていることからもわかると思います。でも、逆にいうと、そういう良心を持つことができれば、人は幸せになれるということです。何の得にならなくても、いいことをすると気持ちがいいものですよね。多分あの気持ちよさが幸せなのだと思います。

勇気と謙遜

幸福になるためには、怖いものをなくす必要があります。しかし、怖いもの知らずなのも良し悪しで、他方でブレーキが必要なのは事実です。そうでないと、大きな失敗をして、逆に不幸になるのが落ちですから。このことをヒルティは、勇気と謙遜という言葉を使って、うまく説明しています。

「われわれは人生において、常に勇気と謙遜とを持つことが必要である。これが、使徒パウロのちょっと妙に聞こえる言葉、『わたしは弱い時に、強い』(コリント人への第二の手紙12の10)の意味である」と。弱い時に強い。謙遜できる勇気が最強ということです。

この理屈はなかなか難しいものがありますが、別の箇所でヒルティは、次のような形で説明しています。少し長くなりますが、大事なところですので引用させてください。

「不幸は3つの目的を持ち、同時にまた3つの段階をなしている。第1は罰であって、これはいろいろな行為の自然の帰結であり、これらの行為それ自身に内在するものである。したがって、罰が必ず行為の後に従うのは、ちょうど論理的帰結が論理的に確実であるのと変わりがない。第2は浄化であって、これは人が不幸によってより大きな真面目さと、真理に対するより大きな感受力とを得ることによって成り立つ。第3は、自己の試練と強化とである。これは自己の力と神の力とを経験することによって行われる。このような経験をしばしばくり返すことによってはじめて、人はおのれの内に正しい勇気を生ずるのであるが、これは傲慢とは遠く、むしろ謙遜に類するものである」

この3つの段階がポイントです。不幸は、罰や浄化を経て、自己の鍛練と強化によって乗り越えられるということでしょう。その場合、経験を経ることで勇気が生まれるというのです。でも、その勇気は決して傲慢なものではなく、しっかりと経験を経たことで、何が無謀で何が足りないのかをよくわきまえた、謙遜に近いものになるというわけです。

したがって、**根拠のない勇気はただの無謀になるだけですが、経験に裏打ちされた勇気は、真の強さを秘めているのです。まさに強いのに謙遜している状態です。この勇気があれば、人は本当の恐怖をはねのけ、幸福になれるのです。**

たとえば、大きな決断をする時、「エイヤ！」と決めてしまっては、ただの自殺行為です。そこはじっくりと考慮する必要があります。結論は大胆でも、そこに至るプロセスは繊細である必要があるわけです。

これと似たようなものに、正義と熟慮を挙げることができるような気がします。**私たちはとかく正義をふりかざしますが、熟慮を欠いた正義は、ただのひとりよがりな暴力になってしまいがちです**。何が正義なのかは、一義的には決められないからです。誰かにとっての正義は、別の人にとっての不正義にさえなります。まして正義が幸福をもたらすと信じる場合は注意が必要です。反対の立場にある人にとっては不幸がもたらされることになるのですから。

働く

働くことで幸せになるというのは、わかるようでわかりません。特に、仕事が嫌になっているような人にとってはそうでしょう。そうでなくても、やはり休日のほうが幸福になれると思っている人のほうが多いのではないでしょうか。

ここはまず仕事の意義を明確にしておく必要があります。いい換えると、**私たちはなぜ働くのか？**　その答えは、大きくわけて2つあると思います。**1つは自己実現、もう1つは社会貢献、つまり人の役に立てるということです**。仕事がなくなったら、このいずれも満たすことができません。逆に仕事をしていれば、自己実現も社会貢献も可能なのです。**この視点からすると、生涯現役であるほうが幸福だといえます**。

ヒルティもこの点を強調しています。「仕事は、人間の幸福の1つの大きな要素である。いな、単なる陶酔でない本当の幸福感は、仕事なしには絶対に与えられないという意味でなら、実に、その最大の要素でさえある。人は幸福であろうとすれば、『一週間に6日は働か』なければならない。また『自分の額に汗してそのパンを食わ』なければならない。この成功の2つの前提を避ける者は、幸福を追求する人の中で最大の愚者である」と。

愚者とまでいわれては、少し厳しいような気がしますが、働かない人間にはそれくらいいった方がいいのかもしれません。世の中には怠け者がいるものです。その多くが、働くことの意義を知らないのです。そして、働いてみてはじめてそれを知るのです。よくニートにボランティア体験をさせるのはそのためです。自己実現や社会貢献の意味を体験させようというのでしょう。

とはいえ、最初にも書いたように、誰もがこの意見に賛成するとまでは思っていません。それはヒルティがいう次の問題にかかわっています。「あらゆる仕事は必ず幸福感を伴うというのなら、それはもはや誤りである」「賢い人ほどよく自分の仕事の欠点を知っている、その日の仕事を終えて、『見よ、すべては良い！』ということのできた人は、未だかつてひとりもなかった」と。

そもそもどんな仕事でも充実感が得られるわけではなく、またどんなにいい仕事でも、常に満足とはいかないということです。ですから、自分が充実感を覚えることのできる

仕事を選ぶことは大事ですし、また自分の就いている仕事の欠点を、いかにカバーできるかがポイントなわけです。その点にさえ自覚的であれば、仕事で幸福が得られるのは間違いないでしょう。

ちなみにヒルティ自身はとても熱心に働いてきました。最初は弁護士として、裁判官として、また大学教授として、さらに最後の20年は政治家としても。それだけではありません。彼は公職のかたわら、婦人参政権運動や禁酒運動、婦女売買防止運動など、多くの公益事業に従事してきたのです。

おそらく彼は、満足を得られるように常に努力し続けたのでしょう。その努力が、結果として偉大な業績につながったことはいうまでもありません。もちろん彼の人生の幸福にも……。

不幸を受け入れる

不幸を受け入れると幸福になれるというのは、なんとも逆説的に聞こえると思います。でも、なんとなく想像がつくのではないでしょうか。不幸が避けられない以上、そこから目をそむけていては、いつまでたっても幸福になどなれないからです。ヒルティもそのことをいっているのです。

「不幸は、人間の生活につきものだということである。いくぶん逆説的にいえば、不幸は幸福のために必要だということである。また一方、事実上の経験が示すように、不幸は要するに避けがたいものであるから、したがって人はなんらかの仕方で必ずこれと妥協しなければならない。人生において到達できることは、ただ自分の運命との完全な和解だけである」と。

問題はどのように和解するかです。**単に不幸を認めるだけでは意味がありません。やはりそれを乗り越えてこそ幸福への扉が開かれると思うのです。いや、むしろそれを乗り越えた人にしか、本当の幸福はわからない。**それがヒルティのいいたいことです。彼は次のように断言します。

「『患難をも喜ぶ』（ローマ人への手紙5の3）という使徒パウロの言葉は、その他の多くの彼の言葉と同様に、不幸のうちにどのような力が、どんなに深い内的不幸が、ひそんでいるかを自ら経験しなかった者には、その本当の意味は絶対にわかりはしない。**この不幸のうちの幸福は、人がそれを正しく感じとったなら、生涯決して忘れることのないものである**」と。

これは大病を克服した人など、苦労を乗り越えた人のことを思い浮かべていただけるとわかると思います。私は今とても幸せです。もちろん色んな苦労はあります。でも、どうしても抜け出すことのできなかった5年弱にも及ぶフリーター時代に、心身ともに壊してしまった経験を思い浮かべれば、多少の苦労はなんでもないように感じられるのです。

そこまでいかずとも、海外旅行をしたことがある人であれば、日本に生まれて幸福だと感じた経験があるのではないでしょうか。日本のよさがわかるのは、海外で不便を感じてからだといいますから。先進国でさえ、水道水が飲めなかったり、治安が悪くて夜外出できなかったり、公衆トイレが有料だったりという不便な国はたくさんあります。

ヒルティのいうとおり、**幸福になりたい人ほど、買ってでも不幸に甘んじるべきだといえます**。そういえば、漫画の「ドラえもん」に、人生はやじろべえだと説く話がありました。子どものころ読んで、妙に納得したのを覚えています。人生には幸福と不幸があって、やじろべえのように両者がバランスをとる仕組みになっているというのです。

同じことを説いた諺もたくさんありますね。「禍福はあざなえる縄のごとし」、「人間万事塞翁が馬」など。いいことと悪いことは交互に訪れるということです。だからといって、幸福を呼び込むために無理にけがをしたりしないように。心配しなくても、生きている以上不幸はいつでも訪れますから。もちろん幸福も……。

―条件3―　ポイント

信じる者は救われる。
信じる者は幸福になる。

幸せになれないのは、
純粋な心を失っていくから。
人を疑ったり、憎んだり、欲を持ったりと。

強いのに謙遜する。
この勇気があれば、人は本当の恐怖をはねのけ、
幸福になれる。

充実感を覚えることのできる仕事を選び、
また仕事の欠点をカバーするよう努めれば、
仕事で幸福が得られる。

不幸が避けられない以上、
そこから目をそむけていては、
いつまでたっても幸福になどなれない。

条件4

楽観的になる

エピクロス派

いい加減になる
流される
靴を集める
ご褒美システムをつくる
「アメリカ人」になる

いい加減になる

幸せな感情とは、心が落ち着いている状態でもあります。したがって、心の中に恐怖があってはいけません。でも、現実の世界は恐怖に満ちています。車にひかれないかとか、病気で死なないかとか。いずれもいつ誰の身に降りかかってもおかしくないことです。だからでしょうか、同じ恐怖を前にしながら、まったくなんとも思わない人と、不安で怯える人の2種類がいます。

通常私たちは、前者を楽観主義、後者を悲観主義と呼んでいます。そして、**幸福になるためには楽観主義でなければならないというのです**。では、楽観主義とはなんでしょうか？　一般には何も考えないで、常になんとかなると考えている人のことを指します。でも、それだけでは幸せになれません。そこで、楽観主義のレッテルを貼られている哲学者を紹介したいと思います。ヘレニズム期の哲学者エピクロス（Epikouros BC341-BC270）です。エピクロスは学園を築き、エピクロス派といわれるグループを形成しました。

ヘレニズムとは、アレキサンダー大王が東方遠征を行った後の時代を指します。アレキサンダー大王の征服によって、古代ギリシアのポリスが崩壊してしまったのです。それに伴い、ポリスのような共同体を中心とした倫理や価値観も失われてしまいました。そこで人々は、新しい価値観を求めて、新たな思想を打ち立てたのです。その1つがエピクロスの思想でした。

エピクロスの思想は、一般的に快楽主義であるといわれます。しかし、この表現には大いに誤解があるのです。彼はこういっています。「快楽が目的である、とわれわれがいう時に、われわれが意味していることは、放蕩者の官能的快楽ではない。ある人々が、誤解して、われわれの説を理解せずに、悪くとってそう考えているのである。そうではなくて、**われわれのいう快楽とは、肉体において苦しまないことと、魂において混濁しないことなのである**」と。

ここでのポイントは、肉体において苦しまないことと、魂において混濁しないことの2つです。これだけで、快楽にふけることを幸福とみなしているなどとはいえません。エピクロスはむしろそのような官能的快楽を忌避さえしているのですから。つまり、いくらおいしいものでも、食べ過ぎればかえってお腹を壊してしまうように、有害ですらあるのです。

むしろエピクロスのいう快楽は、余分なものを排除していく方向で追求されます。それが**彼のいう幸福に達するための「4つの薬」です**。つまり、**①神々を怖れないこと、②死を恐れないこと、③快楽の限界を知ること、④苦痛の限界を知ること**の4つです。

たしかに人間にとっての恐怖のほとんどは、神の怒りか死だといえます。私たちは日ごろ、バチがあたるんじゃないだろうかとか、死なないかとびくびくしながら生きているのです。だから、この2つの恐怖を取り除くことができれば、そんなに楽なことはありません。快楽の限界と苦痛の限界については、それぞれ何が真の快楽で、何が真の苦痛なのかを知っていれば、まやかしの快楽や苦痛に踊らされることもないのです。

さて、このように恐怖を恐怖だと思わなくなれば、たいていの人は幸福になれるわけですが、中には生真面目な人がいて、それだけでは足りないのです。そういう人はもっと楽観的になる必要があります。少し極端かもしれませんが、いい加減になるくらいでいいのです。

生真面目な人は、「あれをやらないと」「これをやらないと」と常に「To-Do-List」（やることリスト）を抱えています。そういう人は**自分の辞書から「should」（〜すべ**

き）を捨てることをお勧めします。そういうと、悪いことであるかのように聞こえるかもしれませんが、決してそんなことはありません。**要はこだわらないようにするということです**。**もっというなら、柔軟になるということです**。

この世に絶対やらなければならないことなどありません。「To-Do-List」は自分で勝手につくっているだけです。だからなんとでもなるのです。これは携帯がなくなったら生きていけないと思っている人に似ています。よくドラマや映画で、仕事中毒の主人公が携帯を海に捨てたりするシーンがありますが、それによってむしろ主人公は幸福を手に入れたかのように見えます。

『Frog and Toad』という子ども向けの本があります。Toadとはヒキガエルのことで、Frogはアマガエルです。ふたりは大の仲良しなのですが、ある日Toadが「To-Do-List」の通りに1日を過ごそうとします。ところが、風に吹かれてその大事なリストが飛んでいっても、Toadは追いかけようとしません。Frogが理由を聞くと、なんと答えは「リストにないから」。一見笑い話のようですが、実は「To-Do-List」なんてその程度のものだという風刺なのです。**皆さんも「To-Do-List」を捨てて、もっといい加減に生きてみてはどうでしょうか？**

流される

柔軟に生きるという話をしましたが、時にそれは流れに身を任せることを意味します。

これは自然の摂理です。川や流れるプールで泳いだことのある人はわかると思いますが、流れに即して泳ぐのと、さからって泳ぐのとではまったく労力が異なります。飛行機でも地球の自転の方向に飛ぶ時と、逆向きに飛ぶ時とでは、偏西風の影響により同じ距離でもだいぶ飛行時間が変わってきます。

これは常に当てはまる普遍的な理屈だといえます。これをうまく使えば、私たちはもっと幸せになれるのです。相撲に「いなす」という用語があります。突進してくる相手をかわして、相手の力をそぐことをいいます。人生には突進してくる敵がたくさんあります。相手は人間に限りません。自然災害、病気……数え上げたらきりがないくらいです。それらといちいちガチンコで勝負していては、身が持ちません。

時には負けてしまうこともあるでしょう。その時は不幸になってしまうのです。とはいえ、これは勝負をしないという消極的な態度とは異なります。相撲の「いなす」がれっきとした技、戦略であるように、いわば「積極的な消極性」なのです。

実はこれは、エピクロスも主張していたことです。**人間は生物的本能に従って、快楽にもとづいて物事を選択するというのです**。**だから自然の摂理に従うことが快楽につながるのだと**。決して流れにさからってはいけないのです。

こうした考え方は、エピクロス派のライバルともいえるストア派からも主張されています。ストア派というのは、同じく古代ギリシアのポリスが崩壊した後、新たな価値観を築くべく創設されたヘレニズム期の思想グループです。ゼノン（Zēnōn BC335 - BC263）によって創設されたのですがローマ時代のマルクス・アウレリウス（Marcus Aurelius Antoninus 121 - 180）に至るまで、長く存続しました。

彼らの思想の特徴は、世間的な価値を蔑視し、自然に従って生きることを勧める点にあります。ストア派にとっての究極の価値は大宇宙の自然に従って生きることだというのです。問題は、人間が自然にさからう能力を持っている点です。これが幸不幸の分かれ目となります。自然に従った者は幸福になり、さからった者は不幸になるというわけです。

ある意味で、事故や災害というのも、こうした原因で起こっているのかもしれません。

つまり、自然にさからったことで起こっているように思えてならないのです。地球温暖化にもとづく異常気象はその証左です。

さて、話が少し大きくなりましたが、これは個人にも当てはまることだと思います。**不幸なのにも原因があるはずです。どこかで自然な流れに反しているからそうなるのです。**すべてがそうだとはいいませんが、人から嫌われるのも、病気になるのも、何か原因があるに違いないのです。ひとりだけ指示に従わず無謀なことをしたとか、寒い日に薄着で出かけたとかいうふうに。

私も経験がありますが、うまくいっていない時は、いつもどこかで無理をしているものです。かつてフリーター生活から抜け出せなかったのは、何も努力をせずに人権や平和のための活動家になろうとしていたからです。当然結果は出ず、フラストレーションだけがつのります。無理があることは後から気づくのですが、その時はわからないのです。**だから常に意識して自分に問いかける必要があるのです。「最近ちょっと無理してない？」と。**

靴を集める

かつて私は市役所で働きながら、大学院に通い、おまけに子どもも生まれて子育てに奔走するという生活を送っていた時期があります。2足のわらじならぬ3足のわらじです。それでも不思議と楽しく過ごせていたような気がします。なぜなら、どれをやっている時も、常に他の2つのことが気になっていたからです。

仕事をしている時は勉強のことが気になりますし、子どものことも気になります。逆に勉強をしている時は仕事のことや子どものことが、子どもの世話をしている時は仕事や勉強のことが気になるのです。そうすると、ありがたいことに、その時やっていることに行き詰まりを感じることがなくなるのです。もう1つやることがあると思うと、精神的に逃げ道ができるのでしょう。

だから私は人にも2足のわらじを勧めています。忙しくなるのは当然ですが、それ以上に得られるものがあるからです。それに意外と相乗効果で、やっていることのすべてにいい効果が表れるという利点もあります。**だらだらと1つのことをやるより、時間を決めて複数のことを集中してやったほうがいいのは明らかでしょう**。それと同じ効果があるわけです。飽きずに長く続けられるというメリットもあります。ちなみに足に履く本物の靴も、2つ以上を履き分けたほうが長持ちするといいます。

もちろん、人生の靴は2足といわず、多いほうがいいでしょう。色んな引出しを持つことにもなりますから。現実には人はたくさんの靴を持っているものです。仕事の他に趣味があったり、父親としての役割があったりと。要はそれを意識するかどうかです。

とはいえ、選択肢が多過ぎるのもまた問題があります。スイスの経済学者マティアス・ビンズヴァンガーは『お金と幸福のおかしな関係』の中で、選択肢が増えた社会を「マルチオプション社会」と呼び、それが幸福につながるのは、オプションの数が把握できる間だけだといっています。限界値を超えると、反対に不幸になるのです。これは私たちの時間が24時間と限られていることに起因しています。

たしかにやり過ぎはどれも消化不良になり、ストレスの原因となることでしょう。事柄にもよりますが、**仕事、趣味、自己啓発、家庭での役割、地域社会での役割の5つくらいが限度なのではないでしょうか**。私もおおまかに分けるとその程度です。たとえば、仕事は教師、趣味は執筆などの言論活動、自己啓発は語学習得、家庭での役割は夫と父親、地域社会での役割は「哲学カフェ」をはじめとしたまちづくりといったように。

他に、靴ではないですが、人も集めることができます。付き合う人がたくさんいれば、時と場合によって相手を変えることができます。いつも同じ人と付き合っている人は、その人との関係がまずくなったりしても、どうすることもできないのです。いわば逃げ道がないわけです。そうすると、必然的に不幸になってしまいます。

エピクロスもたくさんの友人と付き合っていたことで有名です。というのも、彼は他者との交わりを最高の快楽と位置づけていたからです。エピクロスはいいます。「**全人生を通して浄福へ到達するために、知恵が用意したもののうちで最高度に重要なものは、友情の獲得である**」と。

そういえば、行動経済学でも、社交に費やす時間は、不快に感じる時間が最も少ないという研究結果が出ています。ノーベル経済学賞のダニエル・カーネマンは、『ダニエル・カーネマン心理と経済を語る』に収められた論文「主観的な満足の測定に関する進展」の中で、生活上の満足度調査結果が、気分など被験者の状態や状況が短期間で変化することによっても影響を受けることや、そもそもウツのようなその人の性格の特徴に負っていることを指摘します。

その上で、「U指数」と呼ばれるアイデアによって、満足度を測ることを提案するのです。U指数とは、様々な日常の活動時間のうち、否定的感情が最も高かった時間の割合を指します。Uは「不快（unpleasant）」あるいは「好ましくない（undesirable）」の頭文字です。

いわばU指数は、好ましくない状態で過ごす時間の割合を測定するものだといえます。カーネマンの調査によると、平均的な女性が不快と感じている時間は全時間中の17・7％で、世帯収入が少なくなると若干落ち込むといいます。また年齢が上がると共に下がるようです。

興味深いのは、朝の通勤時間の28％、業務時間の21％が不快と高い数値を示す一方で、社交に費やす時間の中で不快なのはたった8％だという結果です。そこからカーネマンは、**社会的厚生を最大にすることに関心のある人たちは、消費機会を増やすことではなく、社会的接触を増やすことに力点を移すべきだと結論づけています。**

今ゲームやインターネットに向かってひとりの世界で過ごす時間が増えていますが、**私たちはもっと友人の意義を見直す必要があるように思います。**

ご褒美システムをつくる

子どもが一番嬉しそうな顔をするのはどういう時でしょうか？　おそらく褒められた時ではないでしょうか。ご褒美がついてくれば最高の笑顔を期待できます。実はこれは大人も同じなのです。「自分へのご褒美」という表現が使われることがありますが、人は皆ご褒美を求めているのです。

一所懸命に努力したからには、それへの報いがないと空しくなります。ご褒美とは、そんな努力に対する報いなのです。ところが、日常において私たちはあまりこのことを意識しません。ふとご褒美をもらった時に嬉しくなるわけですが、それなら常にそういう仕組みをつくっておけばいいのです。

たとえば、ある一定の目標を決めて、それをクリアーしたらこれを買うというような簡単なものでいいのです。その際、決して高過ぎる目標を掲げてはいけません。ストレスがたまるだけだからです。徐々にハードルを上げていくのはいいですが、達成感が大事ですから、いきなり高いのはNGなのです。

ご褒美も高価なものにする必要はありません。モチベーションとの兼ね合いですが、ご褒美貧乏になってしまってはいけません。それが原因で不幸になるなんて、しゃれになりませんから。場合によっては、ポイント制にしたりして、いくつかたまったら高価なものを買うというのでもいいでしょう。

エピクロスの幸福感については、すでに述べた通り肉体と精神の平穏でした。それは決して官能的快楽や過度の快楽を求めるものではありません。具体的には、パンと水さえあればこの上ない快楽を得られるといっています。いい換えると、パンと水はエピクロスにとって、生きていく上でのご褒美に他ならないのです。

なんと質素なご褒美かと思わないでください。何がご褒美になるかは人によって異なるものです。お金が欲しい人もいれば、時間が欲しい人もいます。あるいはそんなものよりも愛が欲しい人だっているかもしれません。

心の平穏があれば幸福だという人にとっては、空腹とのどの渇きを満たすだけのパンと水がご褒美になるのでしょう。彼らにとって、食べ放題や飲み放題は、苦痛の種ですらあるのです。私の知り合いにも食の細い人がいますが、「たくさん食べてね」といわれるのが嫌だそうです。

私の場合、最高のご褒美は自由な時間です。何をしてもいい時間が確保できた時ほど嬉しいことはありません。だからできるだけ、月に1度は予め「空白の1日」を設定しておきます。それが本当に確保できた時には、まるで刑務所から出てきたあの瞬間のような（あくまで想像ですが）なんともいえない自由を感じることができるのです。ちなみに、空白の1日を実際に享受できるのは年に1回くらいなのですが……。

「アメリカ人」になる

私はアメリカに住んだこともありますし、アメリカ人の友人もたくさんいます。彼らと付き合っていていつも思うのは、日本人との対称性です。こうも違うかと驚くぐらい、極端にいうと180度違うのです。中でも一番違いを感じるのは、人生をどれくらい楽観視しているかについてです。

察しがつくと思いますが、**日本人は悲観的なのに対して、彼らはかなり楽観的です**。アメリカンドリームの国だからか、夢がかなうと信じ込んでいるのです。のんびり生きるという意味で楽観的なラテン系のノリとはまた違う楽観主義です。日本人は、夢なんてかなわないと思っています。少なくとも、周囲の人たちと話すといつもそういう結論になります。居酒屋がストレス発散の場であり、スナックが愚痴をこぼす場になっているのは、その証です。

おそらく社会に自由が欠けていることが問題なのでしょう。どちらかというと、規制と自己規律で外からも内側からもがんじがらめになっている風土です。そんな中で生きていたら、それは楽観的にもなれないでしょう。**なんとかなると思えるようになるには、自由が必要なのです**。

自由に生きることがどれほど幸せか、そのことはエピクロス派の人たちを見ればよくわかります。エピクロスの学園は自由な空気で有名でした。だからこそ色んな種類の人たちが集っていたのです。当時は差別されていた女性も、奴隷でさえも。そして質素ではあっても、彼らはそこでの生活を十分に楽しんでいました。それほど自由という概念は、人を幸せにする力を持っているのです。

アメリカはその意味で成功しているのです。だから幸福の実現についても貪欲です。**自由を重視するということは、その目的である幸福を重視していることでもあるからです**。ジョージ・メイソン大学のピーター N・スターンズによると、アメリカでは18世紀以降、幸福を求める声が高まり、「笑うアメリカ人」が正当化されるようになり、以後ステレオタイプ化されたといいます。そして1920年代以降は、幸福ブームが生じたというのです。たとえば、ハッピーミール（ハッピーセット）の発売、スマイリーフェイスの発明、「ラフ・トラック」（テレビ番組で挿入される笑い声）の考案等。

そこで私は、幸福になるためにアメリカ人になることを勧めたいと思います。何も国籍を変えろというのではありません。アメリカ人のメンタリティに学ぼうということです。**夢はかなうと信じるのです。そして貪欲に幸福を追い求めるのです。**

別の見方をすると、これは子どもの生き方にも似ています。私はいつも幼稚園児の息子から学ぶことがたくさんあります。私ができないというと、「どうして？」と問いかけてきます。面白くないというと、「どうして？」と問いかけてくるのです。

6歳の彼にとっては、大人になったらなんでもできるはずで、なんでも面白いのです。だから「どうして？」と純粋に、不思議そうに問いかけてくるのです。そうすると大人の私は「ハッ」とします。自分で勝手に限界をつくってしまっていたことに気づくのです。

なんでもできると信じることで幸福になれるのなら、こんなに楽なことはありません。しかもこれは強ち嘘ではないのです。世の中には、時々驚くようなニュースが飛び込んでくることがありますよね。最近では80歳の三浦雄一郎さんがエベレスト登頂に成功したとか。人間には無限の可能性があることを感じさせられたものです。騙されたと思って、「人間はなんでもできる」と3回繰り返していってみてください。どうですか？不思議と幸せな気分になってきませんか？

―条件４―　ポイント

幸福になるためには
楽観主義でなければならない。
いい加減なくらいでいい。

自然な流れに従った者は幸福になり、
さからった者は不幸になる。

２足のわらじによって
精神的に逃げ道をつくることで、
人は幸せになれる。

ご褒美をもらえると
人は幸福になれる。

幸福になるために、
アメリカ人のように
夢はかなうと信じる。

条件5

シンプルに考える

タオの思想

自然に従う
生活をシンプルにする
悩まない
集中する
時間を支配する

自然に従う

前にエピクロスの話をした時に、**幸せになるためには自然に身を任せる必要があると書きました。その考えを終始徹底しているのが中国の思想家老子です。いわゆるタオの思想と呼ばれるものです。**タオとは「道」の中国語読みです。

老子という人物は紀元前4~5世紀くらいの人といわれていますが、詳細はわかっていません。「倫理」の教科書などにひげや鼻毛が伸び放題のイラストが載っていますが、実は実在した人物かどうかもわからないのです。ただ、「道」の思想が残っていることだけは確かです。では、「道」とは何か？　それが困ったことに、「道」というのも一言でいうのは難しい概念なのです。老子自身でさえ、なんとも言い表すことのできないものを「道」と呼んでいるくらいですから。「吾はその名を知らず、これに字《あざな》して道という」と。

とはいえ、幸福になるためには有益な思想ですので、なんとか内容を明らかにしていきたいと思います。そこでヒントになるのが、「無為自然」という言葉です。これは老子の思想を表したものといっていいでしょう。**老子はよく「もとに帰れ」というのですが、もとというのは、自然のことなのです。したがって、老子は自然の道に帰ることを説いているといっていいでしょう。**無為自然の自然です。

では無為とはどういうことかといいますと、一般には「無為に過ごす」などというように、だらだらと何もしないで時間を無駄に過ごすようなイメージがあると思います。しかし、老子が「道は常に為すなくして為さざるなし──道常無為而無不為」といっているとおり、逆に無為であることによって、かえって全体を為し尽くすという意味になります。

つまり、無為とはまさに自然に従うことに他ならないのです。物事はおのずからどうなるかが決まっているので、それに作為を加えてはいけないということです。そうすることではじめて、物事は本来の生をまっとうできるのだと。

だから老子にとっては、仁・義・礼といった徳も決して優れたものではありません。これらにはすでに作為が加わっているというわけです。そうではなくて、真の徳とは「道」そのもの、無為自然であらなければならないのです。

たしかに無為自然でいられる人はすごい人ですよね。私たちはつい我慢できず、流れにさからおうとしてしまうものです。その時点で負けなのです。幸せはさっと逃げていきます。なぜ我慢できないかというと、おそらく怖いのでしょう。何もしないでじっと我慢することが怖いのです。何かしかけていったほうが、安心なのはわかりますが、そこが人の弱いところです。

その意味で老子は、**無為自然であることは、強さでもあるといいます**。彼はこんなたとえを用いていいます。「天下に水より柔弱なるはなし。而も堅強なる者を攻むるに、之に能く勝つものなし」と。つまり、水は形がなく柔軟で弱いけれども、攻撃する時は最強のものになりうるということです。滴が岩に穴を開けることがあるように。

何もしないことの威力を知るべきです。それは決してさぼっているわけではなく、攻撃をしかける以上に強い精神で闘うことを意味しているのですから。戦国時代の武将武田信玄が用いたとされる「風林火山」という戦略がありますが、あれも動かない時は山のごとく静かにし、攻撃する時は火のごとく激しく動くべきだと説くものです。**激しく動くためにも、静かに待つ。それが普通にできるようになれば、幸せはおのずと寄ってくるはずです**。

生活をシンプルにする

人が抱えることのできる物事や、把握できる物事には限界があります。その閾値《いきち》（最低の刺激量）を超えると、日常は充実から憂鬱に急変します。色々やることがあるのは充実といえますが、過剰になるとそれは負担でしかないからです。そこで、**生活をもっとシンプルにする必要が出てきます**。**そうすることで幸せになれるのです**。「Simple is best」（シンプルなのが一番）とはよくいったものです。

近年片づけの本が流行っていますが、実はあれも生活をシンプルにするということにつながっています。家に帰ってきて、部屋がちらかっているとげんなりしますよね。だから人は片づけるのです。そのほうが幸せになれるからです。すっきりした部屋で生活していると、それだけで気持ちがいいものです。

あのすっきり感は、おそらくそれまでの行き詰まった自分や生活からさっと切り替えることによって得られるものなのでしょう。前日の仕事を持ち越していたり、前の日に使った食器がシンクで山積みになっているのを見た日には、まるで昨日に引き戻されるような感覚にさえなりますから。だから1日1日をシンプルにしておく必要があるのです。

人が時々人生をリセットするのも同じ理屈です。引っ越したり、付き合う相手を変えたり、仕事を変えたりと。こうしたこともまた人生をシンプルにすることに役立っています。長い間同じところにいると、誰しもしがらみを抱え込むものです。とりわけ人間関係は、徐々に形成されていって、気づけば私たちの生活を制限するものになっていきます。本当は遊びに行きたくても、お付き合いで地域のイベントに参加しないといけないとか。

もちろんそれはそれで楽しいことではあるのですが、あまりにも自分の自由がなくなってくると、人はそこにストレスを感じはじめるのです。それが潮時でしょう。そんな時はリセットすればいいのです。後ろめたさを覚える必要はありません。もともと人はどこに住んでもいいのですから。

そこまでいかなくても、たまにはケータイの電波も届かない山奥や離島に行ってみるのもいいかもしれません。最初は不便でも、なぜか文明のしがらみから解き放たれたような開放感を覚えることができるはずです。

この点について老子は、**無を持って徳は尽くされるのだとしています。つまり、心に気に掛けることが多ければ、色々とわずらわしいことも多くなるけれども、心を無にすれば、落ち着きを得ることができるということです**。いわば無という究極のシンプルライフの勧めといっていいでしょう。

その象徴ともいえるのが、次の表現です。「聖人は褐《かっ》を被《き》て玉を懐《いだ》く」と。聖人はボロボロの服を着ながらも、心には宝を抱いているということです。見かけがシンプルなことと、心まで空っぽということは比例しません。**むしろ見かけがシンプルなほど、心は豊かに充実するのです**。

シンプルな服といえば、「無印良品」というシンプルなデザインを売りにしたブランドがありますが、まさに人間の心の場合「無印良心」なのです。これは色々なことに当てはまる理屈です。

たとえば老子は、学問についてこんなことをいっています。「学を為《おさ》むれば日に益し、道を為むれば日に損す。これを損しまた損し、もって無為に至る。無為にして為さざるなし。天下を取る（もの）は常に無事をもってす。その有事に及んでは、もって天下を取るにたらず」と。

つまり、知識や技能を増やすよりも、むしろ無為に至るほうがうまくいくというのです。たしかに哲学をしていると、余計な知識をそぎ落としていったほうが、本質が見えてくるということはあるものです。シンプルな生活のほうが幸せになれるというのも本質です。

悩まない

悩まなければ幸福になれるのは当然なのですが、それをコントロールするのは至難の業です。誰しも悩もうと思って悩んでいるわけではなくて、自然に悩みはじめるからです。これについてハーバード大学のマシュー・キリングワースは、「トラック・ユア・ハピネス」という興味深い研究をしています。つまり、世界中の多くの人たちにiPhoneのアプリを使って、リアルタイムで心の状態を報告してもらっているのです。

ここからわかったことは、人の心は1日のほぼ半分はさまよっているという事実です。しかもそれが気分を落ち込ませる原因になっているというのです。だから悩むと不幸になるのです。

ただ、**悩むことは避けられないとしても、悩みから解放する方法はあるはずです**。先ほど老子の「もとに帰れ」という思想を紹介しましたが、もとに帰るということは、悩まないということでもあります。なぜなら、悩む前に戻るわけですから。それは悩みの原因にさかのぼり、悩みを悩みでなくしてしまうことでもあります。そもそも悩みとは、行き詰まりを意味します。どうしたらいいかわからないから悩むのです。**しかし、原因にさかのぼれば、答えはおのずと見えてくるのです。**

答えが見えたらもう悩む必要はありません。どうすべきかは自明だからです。これはもう論理の話です。なぜ悩んでいるのかを、「なぜ？」を繰り返してさかのぼっていくだけのことです。悩んでいる人の多くが、実は同じことばかり頭の中に逡巡させています。それでは埒があきません。**冷静にかつ論理的に考えれば、悩みは数学の問題となんら変わらなくなってしまうのです。**

それでも、毎日数学の問題を解くのは嫌だという人はたくさんいることでしょう。その場合は、最初から悩みを持たない体質に変えてしまう必要があります。パスカルが「考える葦」と表現したように、人間は常に物事を考える存在です。だから物事に直面するごとに、どちらがいいか選択することを運命づけられているのです。朝起きたら、パンを食べるか和食にするか、何を着ていくか、何を持っていくかというふうに。

ということは、**人は生きている限り悩みを持つ運命にあるといえるのです。その運命**

から抜け出すには、悩みを持たない体質をつくるしかありません。つまり、「悩み」という概念の存在を否定するか、それを無効にするような発想を持つことです。たとえば、物事は予めすべて決まっていると考えることができればどうでしょうか？

私たちが悩むのは、自分の選択次第で運命が変わると信じているからです。しかし、それは本当のところよくわからないのです。もしかしたら、神様が予めすべて決めていて、私たちは自分で選んだつもりでも、そう決めるように仕組まれているのかもしれません。そんなふうに思えば、悩むのがばからしくなってきませんか？

あるいは、悩み自体は存在するとしても、それは悩まなくても解決すると考えればどうでしょうか？「時が解決してくれる」という言葉があるように、ほとんどの問題は時がたてば、問題ではなくなってしまいます。法律の世界に「時効」という概念がありますが、罪を犯してもそれが罰されなくなるのは、処罰感情の消滅という視点もあるのです。家族を傷つけられたにもかかわらず、犯人を赦すなどということがありうるのはその証拠です。

さらに究極なのは、どんな悩みも解決可能だと信じることです。そう思うことができ

れば、怖いものはなくなります。悩むという行為自体は避けられずとも、すぐに解決できるわけですから。悩みというのは、先が見えないからつらいのです。先の見えた悩みは、もはや悩みではありません。なんでも解決できる万能のツールを持った人が悩みますか？

これは強ち無茶な発想ではありません。人間はなんでもできるのです。原始時代、将来パソコンが登場するなんて想像できたでしょうか？　色んな不便を乗り越えようとして、悩みに悩んで人は石器からパソコンまで進化させました。そして幸せを手に入れたのです。

集中する

映画を見ていても、野球の試合を見ていても、集中できないと楽しめません。あれこれ気がかりなことがあるようでは、人は幸福になれないのです。だから集中する必要があります。老子も次のようにいっています。

「その兌《あな》を塞ぎ、その門を閉ずれば身を終えて勤《つか》れず。その兌《あな》を開き、その事を済《な》せば身を終えて救われず」と。つまり、穴を塞いで門を閉じるということは、欲望に目を向けないということです。そうすれば苦しまなくて済むというのです。逆に欲望に目を向けると苦しむことになります。**ここで老子がいいたいのは、あれこれ迷うなということです。あれにもこれにもと目移りする人は、たしかに大成しません。これと決めて一心不乱に集中できる人だけが成功するのです。**

勉強をみればよくわかります。テスト勉強だと特にそうでしょう。テストに合わせてぐっと集中して勉強できた人だけが勝つのです。アスリートもそうです。一瞬の集中が勝負を決めます。どんな種類のスポーツでも、「集中していこう」という掛け声をよく耳にします。おそらく集中力は能力以上に大切なのでしょう。

集中が幸福につながるというのは、こうした勝負のシーンだけではなく、先ほど映画の例を挙げたように、快楽を得る場面にも当てはまります。日本の哲学者西田幾多郎（1870〜1945年）は、「純粋経験」ということをいいます。主観と客観とにまだ分かれず、知情意の区別もまだない状態です。いわば**純粋経験とは、経験に入る前の原初の状態、物事を意識する前の忘我状態のような感じです**。

音楽に聴き入って、「これは何の曲だろう」などと余計なことを頭で考えはじめる前のあの瞬間をいいます。**これぞ幸福の瞬間なのです**。「たしかモーツァルトだったかな」とか「どこで聞いた曲だったかな」などと思いはじめると、半分別のことを考えているわけですから、真の意味で曲を楽しんでいるとはいえないのです。

少し話はズレますが、人はそもそも物事を統一したい生き物なのです。人間の人格自体が、意識の統合体であるといえます。もしこれがばらばらだと、統合失調症などの病気として苦しむことになります。そこまでいかなくても、日常思い出せないことがあると、すっきりしませんよね。人の名前とか、前の日何を食べたかとか。あれもやはり記憶という意識の一部が欠けていることによって、意識の統一がなされていないのが原因です。

物事についても同じです。**ミステリーを読むのも、パズルをするのも、問題を解くのも、すべてそんな人間の統一したいという本能からきているのです。では、なぜ統一したいのかというと、やはりそれが気持ちいいことだからでしょう。**人間のあらゆる本能は、気持ちよさを原因としています。気持ちよくなるために行動するのです。食事も睡眠もセックスも。

だからいくらおいしい料理を食べていても、集中できていないと、何を食べたかさえ覚えていませんし、気持ちよくないのです。食事と自分が統一されないままに終わって、幸福を得られないわけです。睡眠も同じですね。睡眠が浅く、何度も目が覚めたというような時は、不快でしょう。セックスの場合は、集中せずにやるなんて、もうただの滑稽なアクロバット体操でしかありません。

時間を支配する

私たちを不幸にしている最大の要因といってもいいのが時間です。時間に追われて生活している人、いつも遅刻する人、無駄に時間を過ごしてしまう人。いずれも時間によって不幸になってしまっている人だといえます。

時間だけは万人に平等に与えられています。王様でも奴隷でも1日に与えられた時間は24時間なのです。だから王様でさえ、時間をうまく使えないと不幸になってしまいます。極端なことをいうと、24時間遊んでいる王様でさえも、時間配分がうまくいかなければフラストレーションがたまるに違いありません。だからもし時間に振り回されることがなくなれば、人は幸福になれるに違いないのです。

永遠の幸福を手に入れることのできる最強の支配者は、**領土でも富でもなく**、**時間の支配者に他なりません**。そして、その意味での支配者になら、なんと誰でもなることができるのです。その方法をお教えしましょう。

時間に振り回されるというのは、変化に振り回されることを意味します。これについて老子は、「無名は天地の始」といっています。天地は時間によって限定されるものであり、換言するなら、それはその都度の時間によって変化することを意味するのです。ということは、時間が変化をつくり出すのなら、逆に時間を支配することさえできれば変化に振り回されずに済むわけです。

老子の思想は、まさに時間を支配しようとするものだといえます。なぜなら彼は、修行を通じて時間の制約のない相対的な境地に至ることを説くからです。時間の観念は頭から取り去ることが可能なのです。実はそれは、理性に支配されないことでもあります。時間を意識するのは、理性が働いているからです。だからドイツの哲学者カント（Immanuel Kant 1724-1804）は、理性的に物事を考えるためのモノサシとして時間を用いようとしたのです。

それを超えるということは、理性を超えることでもあるわけです。つまり、時間を忘れて行動すればいいのです。時間を忘れて楽しんだという表現をよく耳にするのは、時間の観念の忘却が私たちの幸福につながっている証拠です。

もしかしたら、時間の観念を捨て去ることで、新たな社会の仕組みがつくれるかもしれません。今よりもっと幸福な。アフリカの部族などで、私たちとはまったく違う時間の観念の中で生活している人たちがいるといいますが、それをさらに超越すると、世界はまったく変わってしまうに違いないのです。「時間＝理性＝不幸」、「非時間＝非理性＝幸福」という図式が成り立つわけですから、ファンタジーだなどと一蹴してしまうのではなく、ぜひ真剣に考えてみる価値があるように思います。

とはいえ、現実には時間を忘れるわけにはいかないケースがほとんどでしょう。その場合はうまく時間を管理する必要がでてきます。たとえば、細切れ時間を有効に使うとか、効率よく仕事ができるよう順序をよく考えるとか。**与えられた時間は24時間で平等でも、その使い方次第で、20時間分しか持てない人と30時間分も使える人の違いが出てくるのです。**

時間をお金で買うのもいいかもしれません。私もよくやります。1日かかるような大掃除を、アルバイトをしたがっている人にお願いしたりというふうに。卑劣だという人もいますが、それで幸せになれるならいいじゃないですか。そこで変に理性にこだわるから、幸せになれないのです。

―条件5―　ポイント

何もしないということを
普通にできるようになれば、
幸福のほうから寄ってくる。

シンプルな生活のほうが
幸せになれる。

悩まないように工夫をすることで
幸福になれる。

あれこれ気がかりなことがあるようでは、
人は幸福になれない。
だから集中する必要がある。

時間に振り回されることがなくなれば、
幸福になれる。

条件6

ほどほどを心がける

アリストテレスの中庸

60点主義
節制する
欲張らない
健康でいる
よく寝る

60点主義

私は何をするにしても60点主義を目指しています。どういうことかといいますと、ぎりぎり合格を目指すということです。はたしてそれでいいのかという疑問があるかもしれませんが、常に100点狙いなどという直球勝負では、とてもじゃありませんが完投は無理です。長年投げ続けることもできません。これは野球のピッチャーにたとえたわけですが、どんな仕事でもそうだと思います。

人生は一発勝負ではありません。だからある程度長期的視野で方針を立てるべきなのです。クオリティに関しては、決していい加減でいいということではなく、そこはベストを尽くすべきだと思います。ベストを尽くすことと、60点主義は決して矛盾しません。**60点主義はあくまでエネルギーの使い方、ペース配分の話です。**

これについては、古代ギリシアの哲学者アリストテレス（Aristotélēs BC384-BC322）の『ニコマコス倫理学』を見てもらえばよくわかるでしょう。アリストテレスは、プラトンの弟子で、師匠が理想主義者であったのに対して、現実主義的であったといわれます。

だからこそ世界を征服したあのアレキサンダー大王の家庭教師も務めることができたのです。

『ニコマコス倫理学』はそんなアリストテレスの代表作です。この本で彼はまず、「最高善」とは何かと問いかけます。最高善というのは、人間の活動が目指す目的のようなものです。そしてそれは「エウダイモニア（幸福）」だというのです。

アリストテレスのいうエウダイモニア、すなわち幸福が得られるかどうかは、その人の行動にかかっています。そこで彼は、「徳」と呼ばれる人間の性格を重視するわけです。**徳に関してアリストテレスは、「中庸」が理想だといいます。中庸というのは、快不快が適切で「ほどほどな状態」を指す言葉です**。たとえば、怒りっぽいのと無感情の間の中庸は、穏やかです。また、無謀と臆病の中庸は、勇敢だといいます。

つまり、ほどほどであることは、むしろ最善のことであり、幸福さえ得られるのです。

それでもまだ「60点で幸福？」と思っている方にお尋ねします。たとえば100点を1回だけ取る代わりに後は30点程度なのと、毎回コンスタントに60点を確保できるのとでは、どちらがいいですか？　もちろん、100点を取るには相当な努力が必要で、60点だとそれほどでもありません。やはり100点を取ったほうが幸せだと思いますか？

実は、ハーバード大学のダニエル・ギルバートによると、3箇月以上にわたって影響を与える体験は非常に少ないといいます。すごくいいことがあると、その時は最高に幸福なのですが、3箇月もするとまたもとの状態に戻ってしまうということです。

ということは、**必死になって1回だけ100点を取るより、そこそこの努力で毎回60点を取るほうが幸福でいられるわけです**。ギルバートは、幸福とは無数の小さな出来事の総和だといいます。だから些細なことでも、毎日こつこつ続けることを勧めるのです。瞑想したり、十分な睡眠をとるといった程度のことを。

私が目指す60点主義とはまさにこのことです。たまに出るホームランを狙って、日々我慢して過ごすのでは、幸福にはなれません。毎日バントで出塁でもいいじゃないですか。ちなみに私のバントは、自分が決めたノルマの達成です。原稿用紙何枚書くとか、本をどれだけ読むとか。もちろん低めのノルマを設定しておかないとだめですよ。

節制する

欲望や快楽を抑えるというのは難しいことです。節制とは人間が一番苦手なものの1つかもしれません。この節制もまたアリストテレスの説く中庸です。つまり、**節制は快楽に関して放埒と無感覚の間にある中庸だというのです**。

ただ、なんでもかんでも節制せよというわけではありません。彼は節制の領域を限定しています。それは触覚と味覚だというのです。たしかにもっとも節制が求められるのは、快楽の中でも暴走しがちな部分です。それが触覚と味覚だというのはよくわかります。触覚とは性欲、味覚とは食欲を意味するのですから。これは手ごわいはずです。

彼は快楽を抑えられない放埒な人を軽蔑するものの、欲望を持つこと自体を非難するわけではありません。アリストテレスは現実主義者だから説得力があるのでしょう。性欲も食欲も人間が動物である限り自然な快楽として肯定します。あくまで問題は、それが過度に追求されがちな点にあるのです。

大事なことは「抑える」ということです。これは量だけの話ではありません。スピードもそうです。急いでやってもいいことはあまりないものです。しかし、焦ってしまうからでしょうか、私たちはスピードを上げることにやっきになります。仕事でもなんでも、もっと速く、もっと効率よくと。

だいたい今の時代スピードを重視し過ぎだと思います。インターネットが一般に使われ出した90年代後半、ドッグイヤーという言葉をよく耳にしました。犬の1年は人間の7年に相当することから、IT時代の技術革新の速さを象徴した表現です。ところが、最近はそんなこともいわれなくなりました。おそらく7年どころじゃないのでしょう。1年は一昔前の100年くらいに相当するスピードで変化しています。それが当たり前になり過ぎて、いちいちいわなくなったのでしょうね。

ある意味で、これは「ゆでガエル現象」と同じです。カエルをぬるま湯に入れて沸騰させても、徐々に熱くなっていくので気づかずゆで上がってしまうという話です。徐々に過労が進展し、気づかぬうちに心身を蝕んでいく現代人に警鐘を鳴らすたとえとして用いられます。**これと同じで、IT化によって徐々にスピードを上げる社会の中で、私たちはもはや精神的にも肉体的にも対応できない状況に身を置いてしまっているのでは**

ないでしょうか。

その結果、精神はすり減り、人間関係はぎくしゃくし、おまけにミスが生じる。「こんなことならゆっくりやったほうがよかった」と思うのは、いつも大きな失敗をしてからです。だからスピードを抑える必要があるのです。

スピードを抑えるのも勇気がいりますが、立ち止まるのはもっと勇気がいるものです。でも、時にはいかに冷静になって立ち止まれるかが勝敗を決めることもあります。スポーツでもタイムの取り方がうまいチームが勝つことがありますよね。流れを変えることもできるのです。選手と違って、外にいる監督には流れがよく見えています。だから私は、タイムの取り方のうまい監督を名監督と呼んでいます。

人生も同じです。**熱くなってぶっ飛ばしている時、いかに冷静になってタイムを取れるか**。熱くなっている時は事態が見えていませんから、いくら悪い方向に進んでいても、そのまま突っ走ってしまうのです。それで自滅します。スポーツの試合でタイムを取るのは監督の役目ですが、**私たちは自分の人生のプレーヤーであると同時に監督でもあるのです**。**したがって、熱く戦いながらも、冷静に判断しなければならないということを意識しておく必要があるでしょう。**

芸能人が充電期間だといって、活動を休止することがあります。それでも復帰してくると、またいい成果を出したりするものです。これは芸能人に限らず、あらゆる人がやってもいいことなのではないでしょうか。たしかに会社勤めだとそうはいかないのかもしれませんが、転職が当たり前になってきている今、5年に1回くらい1年の休暇をとるのはどうでしょう？　別に完全に休む必要はありません。研究者のサバティカル（研究休暇）のように、スキルアップのための留学などをすればいいのです。本人にとってはもちろんのこと、企業や社会にとってもプラスになると思うのですが。

そして**タイムをとるだけでなく、疲れる前に止めるという方法もあります**。スポーツの試合と違って、人生のほとんどの営みは、明日に引き伸ばしてもなんら問題ありません。バレーボールや野球の試合は、明日もあるから疲れる前に止めようなどというわけにはいきません。しかし、今日の仕事は、よほど締め切りがあるのでない限り、そここで切り上げて、翌日やればいいのです。そうでないと、翌日以降に差支えます。その積み重ねがウツの原因になるのです。**疲れたからやめるのではなく、疲れる前に止める。これが幸福に生きるためのコツです**。

欲張らない

前にも紹介したスイスの経済学者マティアス・ビンズヴァンガーは、『お金と幸福のおかしな関係』の中で、**トレッドミルから飛び降りることを提唱しています**。トレッドミルとはいわゆるランニングマシーンのことです。アメリカ人が大好きなものの1つです。

トレッドミルの上では、どんどん速度を上げることができるのですが、その場所から動くことはできません。それと同じで、私たちはいくら収入を上げても、正しいお金の使い方を知らないので、幸福感という意味では足踏みをしているに過ぎないというのです。これを「トレッドミル効果」と呼んで非難しています。

この話を聞いて思い出すのが、「シーシュポスの岩」の逸話です。ギリシア神話に登場するシーシュポスは、山頂に岩を転がしていく運命にあるのですが、もう少しというところで岩は重みで転がり落ちます。そしてこれが永遠に繰り返されるのです。徒労を意味する逸話ですが、どうも私たちはシーシュポスと同じことをしているように思えてならないのです。

たしかにやるべきことは大量にあります。きりがありません。だからあたかもトレッドミルのスピードをどんどん上げるかのように、自らに負荷をかけていくのです。では、どうすればいいか？　トレッドミルから飛び降りるのは簡単なことです。でも、それではすべてを止めることになってしまいます。私たちがすべきなのは、うまく選択することなのではないでしょうか。

アリストテレスはこういっています。「**自制心のない人間は欲望によって行動し、選択によっては行動しない。一方、自制心のある人間は選択によって行動し、欲望によっては行動しない**」と。

欲張りな人と違って、自制心のある人ほどうまく選択しているのです。そしてメリハリを利かせていい仕事をしています。やることは大量にあるのですから、いかにたくさんこなすかではなく、いかにうまく選ぶかが勝敗を分けるのです。昔話の「舌きりすずめ」ではないですが、どっちの箱を選ぶかで、幸福が左右されるわけです。

そこで問題は選択の仕方になります。もちろん優先順位をつけるということになるわけですが、そのためにはよく考えなければなりません。アリストテレスも、選択とは「熟慮のすえ意図すること」だといいます。つまり、**選択の方法とは熟慮の方法に他ならないのです**。アリストテレスの説明はこうです。

「われわれが熟慮するのは目的についてではなく、その目的をいかにして達成すべきかについてである。医者は患者を治すか否かについては熟慮せず、弁論家は聴衆を説得するか否かについては熟慮せず、政治家はよい政治を行うか否かについては熟慮せず、一般に、なにびとも目的については熟慮しない。まず目的を設定し、いかにしてその目的を達成するかを考慮するのである」

つまり目的は願望するものであって、選択するものではないということです。選択できるのは方法だけ。いかにすれば最も効果的に目的を達成できるか考えること。この忙しい現代社会で幸福になるには、それしかありません。

健康でいる

現実主義者のアリストテレスは、肉体的快楽も肯定します。ただし、やはりそれは過度にならない限りはという留保つきなのです。私たちが体のいうことを聞くのは、体が快楽を求める時だけです。そして体というのは常に快楽を求めるものなので、ついつい行き過ぎてしまうのです。飲み過ぎや食べ過ぎはその典型ですね。そして気づいた時には病気になっているのです。

だから、時には体と対話する必要があります。私たちが体と対話する機会は、せいぜい年に1度健康診断の時くらいでしょうか。コレステロール値が高かったりすると、「ああ、食事に気をつけないとなあ」と一瞬思う程度です。でも、それではあまりに体を軽視し過ぎています。私たちの生活が体に支えられている限り、体の軽視は生活の軽視、ひいては幸福の軽視につながるといっても過言ではありません。

体と幸福との関係でいうと、運動は人を幸せにするという点にも注目が必要です。心理学者のソニア・リュボミアスキーは、『幸せがずっと続く12の行動習慣』の中で、その理由を４つ挙げています。要約すると次のようになります。①自分の健康をコントロールしている気持ちになれる、②瞑想に近い効果が得られる、③誰かと一緒に運動をすると社会的関係が築ける、④短期的には高揚感が得られ、長期的には体調が改善するという点です。

病気というのは、体が思うようにならない状態ですから、その反対で体が思うようにコントロールできていれば、それは幸せでしょう。また、瞑想というのは心も体も落ち着き、気持ちのいいものです。運動によってある種のリズムが生み出される時、人は瞑想と同じ心身の落ち着きを得ているのかもしれません。社会的関係についてはすでに別の箇所で書いたように、幸福を感じる大きな要素であることがアンケート調査の結果からも明らかになっています。

その意味で、リュボミアスキーのいうことはいずれももっともだと思います。中でも、個人的には④でいっている高揚感が得られるという点は特に大事だと思います。**体を動かすことで気分は向上するものなのです。体は心のスイッチみたいなものなのです。**私も授業の前にどれだけへこんでいても、オーバーアクションで教室中動き回って熱弁をふるっているうちに、不思議と元気になっています。

つまり、体は動かすことが前提にできていますから、動かさないことにはいいことは何もないわけです。当然幸福にもなれません。これはわかりやすい理屈です。どんなに怠け者でも、一歩も部屋から出ないと陰鬱な気分になるはずです。自然の摂理といってもいいでしょう。

同じ理屈から、自然と一体化するというのも、体が求めているものです。だから自然に触れると気持ちいいのです。

この夏、サンフランシスコに滞在した際、ミューアの森というところに行ってきました。アメリカの自然保護の父と呼ばれるジョン・ミューアにちなんで名づけられた太古の森です。今はそのまま国定公園として保存されています。

実はそれまで疲労が蓄積していて、歩くのも億劫だったのですが、不思議なことに車を降りて森に足を踏み入れた瞬間、体力がどんどん回復していったのです。そして気づけば快適にさえなっていました。おそらくこれは体が見たこともない太古の自然と共鳴し合った結果だと思います。

今回に限らず、アメリカに行くと、最初の1週間くらいはいつも体の調子、特にお腹の調子が悪くなるのですが、どうもそれには食べ物が関係しているようなのです。毎日たくさんの細胞が入れ替わっているということは、私たちの翌日の体はその日食べた物でできているということになります。だから当然、食べ物が変わると、体がそれに順応するのに時間がかかるのです。

外国に行くと、つくづく食べ物の大切さを感じさせられます。健康でいるために、幸福に過ごすために、運動や食事が大事なのはこれでよくわかっていただけましたでしょうか。**幸福は健康な体に宿るのです。**

よく寝る

健康でいるためにもう1つ欠かせないのが、十分な睡眠です。十分なというのは、必ずしも長いということを意味しません。短くても深い睡眠は、体を休めてくれます。仮眠の効用を説く人がいますが、私も大賛成です。本当に疲れている時は、わずか数分の深い睡眠で急にすっきりします。そして何時間も頑張れるのです。

アリストテレスもまた睡眠について論じています。彼によると、睡眠とは感覚が動かないでいることだといいます。体の器官には休みが必要なのです。しかも**アリストテレスのいう睡眠は、一部の器官を休ませることではなく、共通感覚の停止であるといいます。個別の器官だけでなく、意識そのものを完全に休ませる必要があるということです。**

私のいう十分な睡眠もこの意識の完全な停止状態を指しています。疲れ切った時に陥るあの急で深い睡眠も、まさに意識の完全な停止だといえます。半分起きているような状態で10時間寝てても、まったく疲れはとれません。

なぜ意識の完全停止が必要かというと、意識には再生産が必要だからです。意識をいったんリセットすることで、人はまた幸せに生きていくことができるのです。**「一晩寝れば忘れる」とか、「まずは寝てから考えよう」といった表現を耳にすることがありますが、あれは意識のリセットをいっているわけです。**

とはいえ、十分な睡眠をとるのは簡単ではありません。睡眠で悩んでいる人は多いといいます。そこで、十分な睡眠をとるための方法論を少しご紹介しておきましょう。私はどちらかというと、短くて深い睡眠をとることに長けていますので。でないと、毎年何冊も本を出すことなんてできません。

まず、疲れた時に寝るのが一番です。無理に時間で決めて寝る必要はありません。それをやると、浅い変な睡眠をとることになりますし、悶々として寝られないような場合は、時間の無駄でさえあります。だから私は寝る時間なんて決めていません。

次に、環境を整える必要があります。ベッドルームは気が散らないような状態にしておくことが大事です。寝る時は本気で寝る必要があるので、シンプルなほうがいいでしょう。色んなものが目に入る環境はだめです。特に想像力に富んだ人は要注意です。少しでも普段と変わったものがあると、それが思考のきっかけになってしまいますから。

まさに私がそうで、ひとり連想ゲームがはじまってしまうのです。下手したらそれで1冊小説が書けるくらいです。

さらに、誘眠剤があるといいですね。快適な睡眠をいざなう、自分だけの誘眠剤です。人によってはグラスワイン1杯だとか、ヒーリングミュージックだとか、アロマだとか様々だと思います。なんでもいいのです。これは儀式のようなもので、それをやると寝るという習慣をつけておくと、体が自然に眠りに入るからです。

私の場合は意外にも、英語のドラマをCDで聞きながら寝るようにしています。もう何度も聞いているものなので、話はわかっています。ただ、それを聞くと眠くなるのです。最初は英語の勉強のつもりでやっていたのですが、だんだん誘眠剤として使うようになりました。今は10分も楽しむと、そのうち眠っています。

最後に一番大切なことを1つ。それはトイレに行っておくことです。でないと落ち着いて寝られませんから（笑）。

―条件6―　ポイント

ほどほどであることは、
むしろ最善のことであり、幸福さえ得られる。

節制することで幸福になれる。

いかにすれば最も効果的に目的を達成できるか、
うまく方法を選択することで幸福になれる。

幸福は健康な体に宿る。

意識をいったんリセットすることで、
人はまた幸せに生きていくことができる。

条件7

気分転換する

パスカルの幸福論

考える
気晴らし
あえて周りを見ない
スイッチ思考
ハッピーアワーを設ける

考える

ここではフランスの哲学者パスカル（Blaise Pascal 1623-1662）の『パンセ』を題材に、幸福について考えてみたいと思います。パスカルは、16〜18世紀フランス語圏で、エッセイや箴言《しんげん》の形式で人間性を探究した「モラリスト」と呼ばれる思想家のひとりです。「パスカルの原理」の名で知られているとおり、科学の面でも優れた業績を残した大変な知性です。またパスカルは熱心なキリスト教徒でもあり、そうした信仰の側面から人間性の本質を見つめ直した成果が『パンセ』だったのです。

『パンセ』の中で一番有名なのは、「人間は考える葦である」という表現だと思います。葦とはすぐ折れる、か弱い植物のことです。パスカルは次のようにいいます。「人間は自然のうちで最も弱い1本の葦に過ぎない。しかしそれは考える葦である」と。

つまり、**人間は何かあるとすぐにへこんでしまうという点で、葦同様弱い存在です。ところが、人間はそこで終わることなく、物事を考えることで事態を改善しようとします。その分だけ偉大だというのです。だから幸福になれるのです。**

とはいえ、**パスカルは、単に物事を論理的に考えればそれでいいというのではありません。彼は「幾何学の精神」と「繊細の精神」の2つが必要だといいます。**幾何学の精神とは、定義や原理によって物事を客観的に分析する精神です。これに対して、繊細の精神とは、直観によって全体を見渡す精神です。いわば幾何学の精神というのは合理的に考える精神で、繊細の精神というのは感情でとらえる精神だということです。

幸福になるためには、しっかりと物事を考えなければなりません。これはよくわかると思います。**しかし、それは決して頭でっかちになって考えろということではなくて、むしろ感情を働かせる必要があるというわけです。**

たしかに計算だけで答えの出るものなどありません。「大岡裁き」をご存じでしょう。たとえば、貧乏人には薬を出さない悪徳医者から、死にかかっている子どものための薬をやむなく盗み出した親がいるとします。この時感情を加味して寛大な措置を下す「大岡裁き」なら、なんとかこの親子を助ける形で裁きを下すのです。

もし幾何学の精神だけを働かしていたとしたら、大岡裁きは不可能です。繊細の精神によってはじめて、悪徳医者よりも貧しい親子を救うという結論が出てくるのです。そしてこのほうが多くの人に幸福をもたらすことが可能になります。

パスカルは、そんな複雑な人間という存在をもっと知る必要があると主張します。次の言葉がそれを表しています。「人は自分自身を知らなければならない。それがたとえ真理を見出すのに役立たないとしても、少なくとも自分の生活を律するには役立つ。そして、これ以上正当なことはない」。

自分の本質を知ることは、生活を律するのに役立つ。これはその通りでしょう。でもそれだけでなく、いかにすれば幸福になれるのかを知るのにも役立つはずです。自分は何を欲していて、何をすれば気持ちよくなるのかわかるからです。

幸福になりたいといいながら、何を求めているのかよくわからない人がたくさんいます。それでは救いようがありません。まずは自分というものについて、よく考えてみることです。その際、実際に書き出してみることをお勧めします。箇条書きでも単語でもいいと思います。自分の性格、欲しい物、なんでもいいのです。とにかく自分についてできるだけたくさん書き出すのです。

多分その中に、自分の求める幸福がいくつか紛れ込んでいるはずです。こんどはそれをうまく拾い出してみてください。自分の求めるものや、いいなと思うこと、ポジティブな気持ちになれるものを拾い出せばいいのです。それがあなたの幸せです……。

気晴らし

パスカルが直接的に幸福について論じているのは、フランス語の「ディヴェルティスマン」つまり「気を紛らすこと」、「気晴らし」についての一節です。パスカルにいわせると、**人間が行うあらゆる気晴らしは、何か目的があってやっているわけではなく、退屈しのぎだというのです**。これはラッセルもいっていたことですね。

パスカルはこういいます。「われわれの不幸な状態から、われわれの思いをそらし、気を紛らさせてくれる騒ぎを求めているのである」と。パスカルの時代のヨーロッパの人たちはよく狩りを楽しんでいたようですが、なぜ彼らが狩りを楽しんでいたかというと、決してウサギが欲しかったわけではないのです。ただ単にウサギを追い求めたいだけなのです。

パスカルもはっきりと「獲物をつかまえることよりも、狩りのほうが好まれる」といっています。いま狩りといわれてもピンとこないかもしれません。現代日本人の気晴らしといえば何でしょうか。たとえばパチンコ。私は賭事をしないので本当によくわかりません。平日の朝早くから並んでいる人がいますが、いったい何を求めているのやら。そんなにみんな儲かるのでしょうか。だとしたらパチンコは商売として成り立たないはずなのですが……。

つまりこの場合も、誰も儲けようと思っていないわけです。パチンコで大金持ちになった人がどれだけいるでしょうか？　ここでもまたパスカルの指摘するとおりなのです。「彼が追求しているのは、賭事の楽しみなのであって、儲けではないと、人はおそらくいうだろう」と。

結局、気晴らしというのは、まさに気を晴らすことであって、それ以上の目的はないのです。獲物や儲けは気晴らしの目的にはなり得ません。では、**なぜ人は気晴らしを求めるのか？　それは先ほども少し触れたように、不幸な状態から脱するためです**。気晴らしでもないと、人は常に退屈で仕方ないのです。それは不幸を意味します。

パスカルはこう結論づけます。「人間は、死と不幸と無知とを癒すことができなかったので、幸福になるために、それらのことについて考えないことにした」のだと。そう、**不幸からうまく目をそむけることができた人だけが、幸せになれるのです**。なんと現実的な！

考えてみると、私たちは幸福という積極的な何かが存在するかのように思いがちですが、誰もそれを明確に定義できていません。その理由は、幸福の定義が難しいのではなくて、パスカルにいわせると、もともと存在しないからだということになります。だから不幸ではない状態という消極的な定義しかできないのです。では、気晴らしの他に、不幸を忘れる方法はないものでしょうか？

あえて周りを見ない

パスカルは人間の本質を見据えた人物です。だからこそ「考える葦」などという的確な表現ができたのでしょう。とりわけ、人間の弱さに着目した点は重要だといえます。人間は精神的に弱いものだというのが、彼の基本的な洞察なのです。

それゆえ、**「われわれは絶壁が見えないようにするために、何か目をさえぎるものを前方に置いた後、安心して絶壁のほうへ走っているのである」**ともいっています。変に想像をたくましくすると、1歩も動けなくなるからでしょう。

これは気晴らし以外のもう1つの不幸を忘れる方法といえます。単純に物理的に見えないようにしてしまうのです。これもまた多くの人たちが自然に実践していることです。なぜ私たちは町で動物の死体や排泄物を目にすることがないのでしょうか。たまに車にひかれた動物や、排泄物を見かけることはあります。でも、たまにです。なぜか？　それは意図的に隠しているからです。日常、私たちの目にふれないように、最大限配慮しているのです。テレビでショッキングな映像にモザイクをかけるのと同じです。

もしこうしたものが丸見えだったとしたらどうでしょうか。おそらく心を痛める機会が多くなることと思います。いわば不幸が増えるのです。私たちはそんな状態を避けるための仕組みをつくっています。幸福になるために。

よく結婚式のスピーチで、年配の人が「結婚前はよく相手を見て、結婚後はあまりしっかり見ないように」とアドバイスをします。たいてい笑いが起こるのですが、これは真理をついているわけです。相手をよく見極めるという意味では、結婚前にしっかりと見ておくことが大事ですが、結婚後そんなことをしても、あらばかりが目立っていいことは何もありません。むしろ目をつぶるくらいの寛容さが必要なのです。そうでないと、嫌なところが気になって、離婚になりかねません。だから**ここでも「見ない」という行為が幸福につながるのです**。

そしてこれは夫婦に限ったことではなく、一緒に過ごさざるを得ない人同士の関係すべてにあてはまるものといえます。クラスメートでも職場でもそうです。それをしないから、いじめが生じたり、人間関係で悩んだりしないといけなくなってしまうのです。

もちろん、視覚的に見えなくても、人間には想像力がありますから、いくらでも頭の中で思い描くことはできます。多くの不幸はそんなたくましい想像力の産物であるということもできるでしょう。その意味で、パスカルも想像力は敵だとさえいいます。「想像は、途方もない見積もりをして、小さな対象をわれわれの魂を満たすほどまでに拡大し、向こうみずな思い上がりから、大きなものを自分の寸法にまで縮小するのである。ちょうど神について話す時のように」と。

想像力が不幸を招く典型は、迷信や怪奇現象を信じたり、取り越し苦労をするような例です。前者はわかりやすいと思います。実体がなく不合理なものを勝手に頭の中で構築して、勝手に怖がっているのですから。世話がありません。後者の取り越し苦労は、まったく気の毒としかいいようがありません。心配性な人というのはいるものです。**なぜか不幸になってしまう人を指す「不幸癖」という表現がありますが、まさに心配性は不幸癖の原因です**。

用心するのは大事ですが、それが過剰になると不幸になるだけです。不幸を避けるために用心しているはずが、用心のために不幸になってしまっては本末転倒といえます。

スイッチ思考

ここで幸福になるための「スイッチ思考」という提案をしたいと思います。簡単にいうと逆転の見方をするだけのことです。つまり、物事はなんでも反対の見方をすることができます。たとえばパスカルの言葉からもそうした視点がうかがえます。いくつか例を挙げましょう。

１つ目の例、「王に対してプリンスというのは気持ちがいい。そうすれば、彼の位が下がるから」というのはどうでしょう。これは王様をプリンスと呼ぶと、実際には何も変わらないけれども、自分の気持ちの中では相手の位を下げたことになるという意味にとれます。呼び方を変えるだけで、気分が変わるというのは面白いですね。

あるいは、２つ目の例、「同じ意味でも、それをいい表わす言葉によって変化する。意味が言葉に品位を与える代わりに、かえって言葉のほうからそれを貰う」というのはどうでしょうか。この場合逆に、同じ意味でも、表現する言葉によって実はニュアンスが変わるということをいっています。たしかに「食事」と「メシ」というのでは、同じ意味でもだいぶニュアンスに違いを感じますよね。

3つ目の例、「人は普遍的であるとともに、すべてのことについて知りうるすべてを知ることができない以上は、すべてのことについて少し知らなければならない」というのもそうです。つまり、すべてを知ることができない以上、広く浅く網羅しておく必要があるというのです。これもある意味で逆転の見方といえるでしょう。

なぜこうした逆転の見方、つまりスイッチ思考が求められるかというと、1つはまさにパスカルがやっているように、物事の本質が明らかになるからです。しかし、私がここで強調したいのは、**スイッチ思考によって不幸が幸福に転換するという点です。**1つ目の王様をプリンスと呼ぶ例ではないですが、それで王様の位を下げたと思えれば多少幸福になるのでしょう。

2つ目の例もそうです。同じものを食べるにしても、「メシの用意ができましたよ」といわれるよりも、「お食事の用意ができましたよ」といわれたほうが、いいものを食べられそうで嬉しくなりませんか？　これが言葉のニュアンスがもたらす幸福です。

3つ目の例も同じです。限られた人生の時間の中で、何もかも知らないといけないなんて考えると気が遠くなりますよね。でも、どうせ全部は知りっこないんだから、広く浅くでいいやと思えれば、気が楽になって幸福になれるはずです。

これはいくらでも応用できます。試験が嫌な人は、これで自分が成長すると思えばいいわけですし、貧乏で苦しんでいる人は、その代わり健康でいられるのだと思ったりすれば幸せな気持ちになれるのです。

こうした発想が単なるポジティブ思考と異なるのは、先ほどの言葉のニュアンスの例や、物事を広く浅く知るという例からもわかるように、**ネガティブからポジティブへの転換だけを目指しているわけではない点です**。**少し物事の見方を変えるだけで、不幸は幸福に変わるということをいいたいのです**。ですから、ぜひ意識して幸福になるためのスイッチを押してもらいたいのです。

ハッピーアワーを設ける

ハッピーアワーとは、飲食店などでランチの後ディナータイムまでの客の少ない時間に、値段を下げるサービスの時間帯をいいます。主に英語圏の風習です。だからお客さんにとってはハッピーなわけです（もちろん客が増えればお店にもプラスです）。私は常日ごろ、この発想を日常にも取り入れてみてはどうかと考えています。別に値下げの話ではなくて、**ハッピーになる時間を設けよう**ということです。

そのためには、刺激が必要です。人は刺激を求める動物だからです。何もしないのは最悪ですが、少しでも変化があれば、それはもう刺激だといえます。パスカルも「われわれの本性は運動のうちにある。完全な静止は死である」というように。

私たちは動いているのです。止まってしまったら死と同じです。だから止まらないように、刺激を求め続けなければならないのです。ここで止まるというのは、倦怠を意味します。

パスカルはいいます。「倦怠。人間にとって、完全な休息のうちにあり、情念もなく、仕事もなく、気晴らしもなく、集中することもなしでいるほど堪えがたいことはない」と。だから倦怠を避けるために気晴らしするという話を、別のところでしました。ここではいくつか違うことを提案したいと思います。まずは旅です。

旅に出ることで人は非日常的な体験をすることができます。それが旅の醍醐味です。だから旅は人をハッピーにするのです。いつ誰とどこに行くにしても、旅そのものがハッピーアワーだといえます。

私も旅が大好きです。もちろん非日常が味わえるからですが、私の場合それは必ずしも新しいものを片っ端から見て回ることを意味しません。だいたいそんな旅は疲れるだけです。目的がハッピーである以上、疲れてしまっては本末転倒です。だからゆったりと時間を過ごすのです。それなら出かけなくてもいいじゃないかといわれそうですが、家でのんびりしているのとはわけが違います。いつもとは違う環境でのんびりするという部分に非日常があるのですから。

もう少し変わったところでいくと、悪いことをすることです。もちろん犯罪はいけません。でも、**人を傷つけることのないチョイ悪は、カタルシスによって幸福をもたらす**

ものです。たとえば、私であれば、深夜ビールを飲みながら、ジャンクフードを食べつつ映画を観る。これは明らかに体によくありません。でもハッピーな気持ちになれるのはたしかです。

こういうことをいうと、翌日罪悪感で不幸になるんじゃないかと心配する人がいます。それはそうですが、幸福になるためには、その瞬間瞬間で適切な方法があるのです。食べ過ぎたなら、翌日は運動することで幸福になればいいじゃないですか。疲れ切った時に運動しても幸福にはなれません。そういう場合はビールにジャンクフードでもいいのです。いってみれば、**幸福にもＴＰＯがあるわけです**。

さらに、最も風変わりなハッピーアワーは、ずばり変なことをすることです。自分にとって変なことであればそれでＯＫです。これはもうやったことのある人にしかわかりません。なぜ変なことが幸福につながるかというと、世界観が変わるからです。たとえば、異性の格好をして街を歩くとか、部屋の中で動物になってみるとか……。私にこうした趣味があるわけではないですよ。念のため。要は本人がハッピーになれればなんでもいいのです。

―条件7―　ポイント

自分の本質を知ることではじめて、
どうすれば幸福になれるのかがわかる。

気晴らしによって、
不幸からうまく目をそむけることができた人だけが
幸せになれる。

想像し過ぎて心配しないほうが
幸せになれる。

少し物事の見方を変えるだけで、
不幸は幸福に変わる。

日常生活の中で、
ハッピーな気持ちになれる
「ハッピーアワー」を設けよう。

条件8

受け入れる

ショーペンハウアーの幸福論

金銭欲を捨てる
人との比較をやめる
能力を受け入れる
老いを受け入れる
結果を受け入れる

金銭欲を捨てる

お金があれば幸福だと思っている人は多いでしょう。でも、本当にそうでしょうか？　調べてみると、実際にはそうでもないようなのです。たとえばハーバード大学の心理学者、ダニエル・ギルバートは、**幸福の源泉として1つ挙げるなら「社会性」だといっています。豊かな人間関係が大きな影響を及ぼすというのです。**どうやら私たちは発想の転換を求められているようです。お金を手にして、消費生活を行うことで幸福が得られるのではなく、むしろ豊かな人間関係が重要だというのですから。

ドイツの哲学者ショーペンハウアー（Arthur Schopenhauer 1788-1860）も金銭欲を否定する人物のひとりです。彼は、若くして主著『意志と表象としての世界』を刊行しデビューしたのですが、不幸にも講師として着任したベルリン大学で偉大なヘーゲル（Georg Wilhelm Friedrich Hegel 1770-1831）に圧倒されてしまいます。ヘーゲルといえば、当時近代の哲学を完成したと称されたほどの巨人です。そんな男と同じ時間帯に講義が設定されてしまったため、学生も集まらず、失意のうちに半年で辞職します。その後は隠棲して余生を過ごすはめになりました。

だからでしょうか、ショーパンハウアーの著した『幸福について』は、妙に達観した書きぶりが目に付きます。たとえば彼は次のようにいいます。「けれども富といいうるほどの富、すなわち有り余る富は、われわれの幸福にはほとんどなんの寄与するところもない。金持ちに不幸な思いをしている人が多いのはそのためである。なぜ不幸な思いをするかというと、本当の精神的な教養がなく、知識もなく、したがって精神的な仕事をなしうる基礎となるようななんらかの客観的な興味を持ち合わせていないからだ」と。

ここでは2つの点が重要です。**1つはお金を持っていても幸福になれないという事実。そして2つ目は、その理由としてお金持ちには精神的な教養や知識がないということを挙げている点です**。

もちろん100%の事実ではありませんが、ショーペンハウアーの指摘には一理あります。お金持ちなのに悩みを抱えている人を、私もたくさん知っていますので。これはお金がすべてを決めているわけではないからです。お金を持っていても病気になりますし、事故にも遭います。人の心もお金では買えません。

理由の部分についても、それが精神的な何かを欠いていることに起因するというのは、ある意味で真理だと思うのです。なぜなら、お金を持っていても、精神的に豊かになれるとは限らず、むしろお金で済まそうとする分、心を豊かにすることをないがしろにする傾向があるからです。勉強にもハングリー精神が必要ですし、優れた文学にも苦難が必要ですから。

ところが人間は、無意識にお金を求めます。だからこそ意識的にその意志を絶つ必要があるのです。ショーペンハウアーは先ほど紹介した『意志と表象としての世界』の中で、次のようにいっています。「世界は私の表象である」と。表象とは、心に抱いた内容を具体的な形にしたものです。

つまり世界は、私の意志が描いたものに過ぎない。いい換えると、私の無意識的な生への意志に過ぎないのです。それは無意識的なものであるだけに、際限なく生じてくるといいます。まるで満たされることのない欲求のように。仮に今ある欲求が満たされたとしても、またすぐに新たな欲求が生じてきます。欲求が止まらない状態は、もはや苦痛であるとさえいえるのではないでしょうか。

ショーペンハウアーは、そんな生への意志による苦痛から逃れるための方策を提示しようとしました。まず彼は、芸術によって意志から解き放たれることを提案します。意志することを止めて、純粋に芸術に浸るのです。しかし、それは一時的な逃避に過ぎません。そこで次に、道徳の観点から他者に同情することで、自己の意志を抑えることを提案します。ただ、この方法も永続的なものであるとはいえないのです。

最終的に彼がたどりついたのは、なんと意志の否定という結論でした。生への意志そのものを禁欲的に否定することではじめて、個別的存在への固執は消え去るというのです。意志の否定によってはじめて、お金への執着を絶つことができる。幸福のために、みなさんは自分の意志を否定できますか？

人との比較をやめる

隣の芝生は青く見える。これは誰にとっても真理だといえるでしょう。人を羨んだことのない人がいるでしょうか。子どもが物を欲しがる理由は、たいていお友達が同じものを持っているからです。大人もそうです。いいバッグや車が欲しいのは、他の誰かが持っているからです。

広告でもきれいな人がバッグを持ち、かっこいい人が車に乗っています。そのきれいな人やかっこいい人が購買の決め手になるのです。私もかつてジョージ・クルーニーがCMで乗っている姿を見ただけで、トヨタのマークⅡに惹かれたことがあります。当時は市役所に入ったばかりで、お金がなくて買えませんでしたが……。

だから逆に、自分にそれがないと不幸に感じるのです。他人が持っているのに、**自分にないということは不幸だと。**でも、**そんなことをいい出したら、私たちは皆不幸になってしまいます。**だって、誰もがまったく同じものを持つなんて不可能ですから。

「王子とこじき」という有名な話がありますが、こじきが王子にあこがれるだけでなく、王子もこじきにあこがれているのです。自由があるから。これはある大事な真理を伝えています。それは、**どんな生き方にもいい点があるということです。だから自分を基準に生きればいいのです。他人の持ち物を手に入れようと羨んでいるより、そのほうがよほど幸福になれるのです。**

その人の人生の幸福のために最も本質的なものなのだ」といっています。

さらに彼は、仮に運命がよくなくても、それは好転しうるということを論じています。「幸福がわれわれのあり方すなわち個性によってはなはだしく左右されることが明らかである。ところが大抵はわれわれの運命すなわちわれわれの有するもの、あるいはわれわれの印象の与え方ばかりを計算に入れている。けれども運命は好転するということもある」と。**今は相手がよくても、自分のほうがよくなることだってあるのです。人生はいい時ばかりではありません。だからあの人のほうがいい、幸せだなどとは一概にはいえないものなのです。**

たとえば韓国の大統領は強大な力を持っています。尊敬もされます。でも、周知のように、任期後は何人もの人が政敵から狙われてなんらかの揚げ足をとられ、逮捕されてしまいます。

おそらく大統領の時は、誰もがあの人のようになりたいと思うのでしょうが、囚人服を着たみすぼらしい姿を見て、あの人にならなくてよかったと思っているはずです。これは国を問わず、また職業を問わずよく見る光景です。『平家物語』の一節、「おごれる人も久しからず」とはよくいったものです。私もそうです。かつてはあの人のようになりたいとか、ライバルはあいつだなどといっていたのですが、いくらそれを実現しても、次から次へと憧れの人物は出てきます。きりがないのです。

そこで誰かの後を追いかけることをやめてみたのです。**それは自分がいかにオリジナルの人生を生きるか考えることを意味します**。その瞬間、急に人生が面白くなってきました。成功している人と同じようになるというのは相当のプレッシャーですが、オリジナルの成功を目指すのは、純粋な楽しみだからです。**いわば人との比較は、「どこが足りてないのか」とマイナス面ばかりに目を向けるある種のマイナス思考であるのに対して、オリジナルの人生を築き上げるのは、新しいことを積み上げていくプラス思考に他ならないのです**。

今すぐ人と比べることをやめ、自分の個性を生かして生きはじめるだけで、あなたはうんと幸せになれるはずです。これは本当に今すぐできることです。

能力を受け入れる

イギリスの教育評論家、ケン・ロビンソンは、『才能を引き出すエレメントの法則』の中で、問題児ギリアン・リンの例を引きながら、真に自分らしく生きることの大切さを説いています。あまりにも落ち着きがないため親に精神科医につれてこられたギリアンが、ラジオに合わせて楽しそうに踊るのを見て、その精神科医はこういいました。「ギリアンは病気ではありませんよ。彼女は生まれながらのダンサーなんです。すぐにダンス教室に通わせてください」と。これをきっかけに、後にギリアンはあの『キャッツ』をはじめ素晴らしい作品を次々と手掛け、世界的な振付師に上り詰めます。

感動的で、勇気づけられるエピソードですよね。**ここでいうエレメントとは、「自分のやりたいことと自分の得意なことが合致する場所」のことです。そしてエレメントを発見できた人だけが幸せになれるというのです。**

ショーペンハウアーもこういっています。「この点、われわれとしては、与えられた人柄を最大限に活用するだけである。したがって柄に合った計画だけに努力を集中し、柄に応じた修行の道に励み、他のいっさいの道を避け、柄にぴったりとくる地位や仕事や生き方を選ぶことである」と。

自分の柄とは、エレメントのことに他なりません。その柄とぴったり合う職業を見つけることができれば、人は幸福になれるのです。自分を最大限発揮でき、かつ楽しめるのですから。こんなに幸せなことはありません。

では、どうすればそんな柄が見つかるのか？　ショーペンハウアーの答えはこうです。「けだし人の個性は終始一貫どこまでも人につきまとい、人の体験する事物はすべて個性に色どられるからである。あらゆる点で、また万事につけて、人のまず享受するところのものは、自己自身である」。つまり、自己自身が答えです。何もわざわざつくり出したり、探したりする必要はないのです。**自分自身をじっと見つめるだけでおのずと見えてくるもの。つまり自己自身が柄なのです。それは自分自身の能力を受け入れることでもあります。**

私たちは自分の持っている物を軽視しがちです。それは受け入れていないからです。

せっかく歌が得意な人でも、それに気づかず世に埋もれてしまう。本当は世界中の人を感動させる素晴らしい歌声を持っているのに。ある50歳前のやぼったい女性がオーディション番組で美声を披露し、世界を驚かせたのをご存じでしょう。スーザン・ボイルです。彼女はようやく自分の能力を受け入れたのです。そして幸福をつかみました。

何を隠そう私自身もそうです。ボイルほどではないですが、かつてはこんなに本が書けるなんて思ってもみませんでした。でも、つい最近私の小学校時代の作文が出てきたのです。発見した妻がそれを読んで、感動していました。「すごい！」というのです。私も読んでみたのですが、われながらいい出来でした。つまり、私は自分の文才に気づいていなかったのです。だから遠回りしてしまったのです。自分はもっと違うことに才能があると思っていた、いや思い込みたかったのです。

ショーペンハウアーは、これこそ幸不幸を決める唯一の分かれ目だといいます。つまり、「自己の精神の足跡を全人類の上に刻みつけることを使命とする時、幸不幸はただ1つしかありえない。それは自己の素質を完全に伸ばして自己の作品ないし事業を完成することができるか、それとも妨げられてそれができないか、ということである。それ以外は自分にとって取るに足らぬことばかりである」と。

自分の能力を受け入れた時、人は本当の幸福をつかめるのです。それ以外のことは、彼のいうとおりどうでもいいことなのかもしれません。これに早く気づくためには、**とにかく日ごろから自己肯定の練習をすることです。そして持っているものをもっと生かす、フルに楽しむということでしょう。何より自分をもっと好きになることです。**自分を無条件に受け入れることができるのは、自分だけですから。それが幸福への扉を開くのです。

老いを受け入れる

人は若いうちのほうが幸福だと思いがちです。でも、ショーペンハウアーにいわせると、それは間違っています。たしかに、若いうちは夢もあるし、体も動きます。だからそのほうが幸せに決まっていると思うのでしょう。**ただ、年老いた人も意外と幸福に思っているのです。それは幸福の種類が違うからです。**彼はこんなふうにいっています。

「青年期には、現実世界の中でどえらい幸福や享楽に出会うことができるはずだが、ただこれに行き当るのが難しいだけだというふうに考えるのに反して、老年期になると、現実世界からは、何一つ得ることができないのだということがわかり、この洞察にすっかり安住して、**どんな現在でも、どうにかこうにか我慢ができさえすれば、これを享受し、些細なことにも喜びを感ずるのである**」と。

ここからもわかるように、若い人は希望に幸福を覚え、年老いた人は現実の中に喜びを見出しているのです。つまり、年老いた人は、ある種の達観によってなんでも幸福に変換できるのです。これはショーペンハウアーが「青年期には直観が、老年期には思考が支配的である。それゆえ青年期は詩に傾く時期であり、老年期は哲学に傾く時期である」といっているように、思考様式そのものの変化によるものといえます。

そしてどちらのほうがより幸福かといえば、むしろ真の意味では、年老いた人だとさえいいます。たとえば次の彼の表現を見てください。

「広い意味ではこうもいえよう。すなわち一生のはじめの40年間は本文を提供し、これに次ぐ30年間はこの本文に対する注釈を提供する。この注釈が本文の真の意味と脈絡、ならびに本文の含む教訓とすべての細かな味わいとを本当に理解させてくれるのである」

どうでしょうか？　人生の意味がわかるのは年老いてからだというのです。酸いも甘いも含め、すべてがわかった時はじめて、人は幸福になれるのではないでしょうか。

ショーペンハウアーもそのような分析をしています。彼は2つの理由を挙げます。つまり、**1つは、老年期になって得られる認識が、青年期に特有の煩悩を克服するからだといいます。**もう1つは、**青年期には幸福に欠くことのできない平静を奪われているのに対して、老年期にはそれがあるからだといいます。**

よく年老いた男と若い女性の恋を描いた映画を見かけます。たいていは女性のほうが年老いた男の持つ平静さに心の安らぎを求めているのです。最近見たロバート・デ・ニーロ主演のイタリア映画『昼下がり、ローマの恋』もそうでした。恋にも自信をなくしていた年老いたデ・ニーロが、若い女性と再び恋に落ちる物語です。「デ・ニーロだからだよ」と突っ込みが入りそうですが、設定上は別に顔に惹かれたわけではなく、ヒロインの女性は落ち着いた心に惹かれていたのです。

老いは決してマイナスではないわけです。**むしろそれを受け入れることによって、幸福になれるのです**。だからといって、早く年をとりたいなどと思わないでくださいね。じっくり年を重ねたからこそ、認識や平静が身につくのです。だから本当は、年を重ねているのではなく、幸福を重ねているといったほうがいいのかもしれませんね……。

結果を受け入れる

ヴァージニア大学の心理学者大石繁宏さんが、山口大学時間学研究所主催のシンポジウムで幸福をテーマに話をされると聞き、行ってきました。幸福感と出来事の関係についての話でした。

大石さんによると、結婚すると幸福感は増すものの、数年してハネムーン期が過ぎると、またもとの状態に戻ってしまうというのです。つまり、時間とともに適応してしまうということです。「Just married（結婚しました）がJust...married（ただ結婚しただけ）になる」というたとえが秀逸でした。

ついでに、家を買った場合は、全体としての幸福感はなんら変わらないという話もされていました。これは満足もするけれど、同時に新しい環境でお付き合いなど面倒なことも増えるからです。

問題は、ネガティブな出来事への適応についてです。時はすべてを癒すというけれども、本当なのかどうか。まず死別ですが、徐々に回復していくものの、結局もとのところまでは戻らないというのが平均だそうです。離婚も同じです。障害、特に重度の障害の場合は、まったく適応できないといいます。

大石さんは阪神大震災による家屋の被害との相関も調査したそうですが、16年たった２０１１年の調査でも、まだ適応できていないとのことでした。ポジティブな出来事の場合と異なり、人はネガティブな出来事については適応できないのです。つまり、時間では解決しないということです。

しかし、逆にいうと、それを受け入れることができれば、幸福になれるということです。だからこそ私は、結果を受け入れることを強く訴えたいのです。たしかに死別を乗り越えるのは大変なことです。命だけは取り戻すことができないのですから。人の命はかけがえのないものであって、誰か別の人で代用することなどできません。

でも、だからといって、残された人が一生不幸なままでいいとは思えないのです。先だった人も、決してそのような結果を望むことはないでしょう。幸い人間は、心でできています。すべては気持ち次第なのです。先だった人の死の意味を考えて、その事実を受け入れることはどれだけ困難であっても、不可能ではないのです。何かそこに意味を見出すより他ありません。

1つだけ具体例を挙げておきましょう。以前、孫と散歩に出たおばあさんが交通事故に遭い、そのお孫さんだけ亡くなるという悲しいニュースがありました。おばあさんを含め、周囲の人たちは悔やみきれません。でも、そのお孫さんがおばあさんを守ってくれたと考えることで、その子の深い優しさに意味を見出していたのを記憶しています。

とはいえ、前より幸福になるのは難しいでしょう。ただここでは、人は死別でさえ乗り越えることができるということを強調したいのです。だから、**まして死別以外の他の結果については、幸福になるために何がなんでも受け入れる必要があるといいたいのです。**

実はドイツの哲学者ニーチェ（Friedrich Wilhelm Nietzsche 1844-1900）は、ショーペンハウアーに強い影響を受けたことで有名なのですが、彼の思想はまさに結果を受け入れるという内容にふさわしいものといえます。というのも**ニーチェは、苦しみを受け入れることではじめて人生が開けるという「超人思想」を唱えている**からです。

彼は永遠回帰という言葉で、この世の際限ない苦しみを表現します。しかし、それを乗り越えるには、苦しみから逃げるのではなく、何度くじけようとも「よし、もう1度」と受け入れるしかないというのです。**どんな結果をも受け入れることができるのはまさに超人かもしれませんが、逆にそれができた人だけが幸福になれるのです。**

― 条件8 ―　ポイント

幸福のためにはお金への執着を絶つことが必要で、
それは意志の否定によって成し遂げられる。

人と比べることをやめ、
自分の個性を生かして生きはじめるだけで、
うんと幸せになれる。

自分の能力を受け入れた時、
人は本当の幸福をつかめる。

酸いも甘いも含め、
すべてがわかった時はじめて、人は幸福になれる。

幸福になるためには、
どんな結果でも受け入れる必要がある。

条件9

相対化する

プロタゴラスの相対主義

宇宙思考

人生を直線と考えない

する＝される!?

幸福を計算する

コップの中の水を正しく判断する

宇宙思考

プロタゴラス（Protagoras BC490頃 - BC420頃）をご存じでしょうか？　古代ギリシアで「徳の教師」と呼ばれたソフィストの重鎮です。彼らは政治的に有能な青年を育てるために、弁論術を教えていたのです。その際、相手を説得することが重視されたので、真実を語ることがないがしろになっていました。それに異議を唱えたのがソクラテスでした。プラトン（Platon BC427 - BC347）は、そんなプロタゴラスとソクラテス（Sôkratês BC469頃 - BC399）との対話を、『プロタゴラス』の中で生き生きと描いています。

プロタゴラスの一番よく知られている言葉は、「人間は万物の尺度である」というものです。正確には、次のようにいっています。「人間は万物の尺度である。あるものについてはそれがあることの、あらぬものについてはそれがあらぬことの」と。

ここでプロタゴラスが主張しているのは、**人間が物事の存在の尺度だということではなくて、あくまで物事のあり方の尺度だということです**。つまり、もしも物事のあり方がそれを知覚する人間の認識に相関的であるとするなら、認識する人間を離れて物事そのもののあり方を語ることは無意味になります。物事は常に、それを認識する人によって別の意味を与えられる運命にあるわけです。これを相対主義もしくは人間中心主義といいます。

どうして幸福になるためにプロタゴラスの相対主義が役に立つのかといいますと、不幸を相対化する、いい換えると不幸のサイズを変えることができるからです。高校時代、障害を持っているある同級生が、星を見るのが好きだといっていました。その理由は、障害を持っているという悩みをちっぽけなものにしてくれるからだというものでした。

それを聞いて私も「はっ」としたのを覚えています。宇宙規模で考えると、自分にとっての大きな不幸も、小さな不幸に変えてしまうことができるのです。おそらく宇宙は私たちの知る限り最大のものですから、それと比較することであらゆるものは小さく見えるはずです。だから物事を相対化するには絶好の対象といえます。

そこで、**宇宙規模で考えることによって不幸のサイズを相対化する思考を、「宇宙思考」と呼びたいと思います**。よく地球規模で考えよといいますが、それをはるかにしのぐものです。地球規模だと今どきは簡単に一周できますし、地球の裏側の様子も一瞬で知ることができますから、物事を相対化するには不十分になってしまっています。

その点宇宙は十分な大きさを備えていますし、何よりロマンがあります。ここが宇宙思考のキーポイントです。比較対象にはロマンが必要です。そんなちっぽけなことで悩むより、宇宙のことを考えようというと、「たしかにそうだね」という気持ちになりますよね。**この宇宙の持つロマンという要素のおかげで、単に不幸のサイズが小さくなるだけでなく、不幸を幸福に変えることさえ可能になります。それは夢を持てるということです。**

理論物理学者で宇宙が専門の村山斉《ひとし》さんによると、宇宙についてはまだ96％が謎だといいます。そんな未知の世界なので、宇宙に行けばあらゆる問題が解決できるのではないかと思うことができるのです。

SF映画や小説で、人類の課題を解決してくれる未知の惑星や生命体が描かれるのはその証拠です。もしかしたら、将来宇宙からもたらされた物質によって病気が治るかもなどと夢を持つことで、不幸は幸福になり得るのです。人類の到達できない惑星から未知の物質を持ち帰り、見事帰還したあの小惑星探査機「ハヤブサ」の熱狂は、まさにそれを物語っています。不幸だと思っている人は、ぜひ今夜星を見てください。そして夢を思い描いてください。

人生を直線と考えない

先ほどのプロタゴラスの相対主義からは、不幸を相対化するだけでなく、さらに人生を相対化するという発想も導き出すことができます。つまり、**人生はこうでなければならないという呪縛から逃れ、自分の人生を肯定することができるようになるのです**。

プロタゴラスがいったように、物事はすべて人のとらえ方次第で変わってきます。同じ出来事でも、いいと思う人とよくないと思う人がいるわけです。人から見たらいい人生でも、本人は不満に思っているなどという話はよく耳にします。もちろんその逆で、かわいそうだと思っていたら、本人は満足しているということもあります。

もう1つは、自分の人生の中で、いいと思っていたことが実はよくないことだったり、最悪だと思ったことがいいことであったりということも考えられます。前にも紹介した『才能を引き出すエレメントの法則』の中で、ケン・ロビンソンらは次のようにいっています。「私たちの人生は偶発的で変化に富んでいる。それは、人生の異なる時期に、異なる能力がより強く発現されるからだ。おかげで私たちは、新たな成長と発達のためのさまざまなチャンスを手に入れ、隠された能力を再び活性化するためのさまざまなチャンスを手にできる」と。

つまり、人生は直線ではないのです。ぐねぐね曲がっていたり、寄り道があったり、行き止まりがあったりするものなのです。私たちはついつい直線を描きがちです。名門校にストレートで合格して、ストレートで一流企業に入ったなどというのは、そんな直線的なイメージに毒されている証拠です。学校や家庭でもそうやって教わってくるから仕方ないのですが、キャリアプランを立てる時は、もっと現実的になる必要があります。

ぐねぐね道のキャリアプランがあってもいいじゃないですか。いや、そっちのほうこそ現実の人生を反映しているわけですから、むしろぐねぐねのキャリアプランを描かなければならないのです。ここで挫折して会社を辞め、留学して奮起して再就職。でも、病気になって苦しむ。それでも新たな道を切り開く……といった感じで。

それにロビンソンがいうように、**人生で起こることは、どこで何がチャンスとなって生かされるかはわからないものです。無駄だと思ったことが、後から見ると有益だったりするのです。**私の人生はその典型です。失敗を含め商社で学んだことも、自治体で学んだことも、フリーターだったことも、今哲学者としてフルに生かしています。テレビのニュースでコメントをする時もそうです。何より、仕事に限らず人生を強く生きていく上で、あらゆる経験がプラスになっています。

このようにとらえると、人生に「不幸」の文字はなくなります。**なぜなら、すべてが有益な経験になるからです**。中には、重い病気にかかることや死別さえも有益な経験なのかと問う人がいるかもしれません。

もちろんそれは経験せずに済めばそのほうがいいに決まっています。でも、人間は病気や死から逃れることはできません。人生を直線で考えるというのは、そういう不可避の現実から目をそむけることでもあるのです。そして、いざ病気になったり、死別に接すると、絶望にも近い不幸を味わうことになります。

それならむしろ、病気も死も当然あり得ることとして予定しておけば、その都度自分を強くする出来事として経験することができると思うのです。いい換えると、**絶望ではなく、その先にわずかでも希望を見出し、乗り越えるべき出来事としてとらえることができるわけです**。

する＝される!?

プロタゴラスは、面白いことをいっています。しばし彼の言葉に耳を傾けてください。

「よかろう。正義は敬虔に少しは似ている。**実際、どんなものでも互いに較べれば、どこか似ている点はあるのだ**。白だってある点では黒に似ているし、硬さだって柔らかさに似ている。その他の互いに正反対だと思えるものでもそうだ。さらにいえば、さきほどわれわれは、顔の各部分は異なる働きを持っていて、どの部分も他の部分と同様ではないと主張したわけだが、それらだってどこか似ている点はあり、それゆえ、どの部分も他の部分と同じようなものだともいえるのだ。だから、この意味でなら、もしきみがお望みなら、顔のすべての部分が互いに似ていることを証明することだって可能なのだよ」

いかがですか？　白と黒が似ている？　目と鼻が似ている？　**まったく正反対なものでも似ているというのです**。**つまりこれも彼の相対主義からする帰結です**。そういわれてみれば、真っ白なドレスも真っ黒なドレスもどちらもフォーマルに見えるように、厳かな色である点は似ています。目と鼻も外部の刺激を感じるという点では似ています。私がこれを一番感じるのは、普段教師として授業をしている時です。私は教えているつもりなのですが、質問に対する学生たちの答えに考えさせられることが多々あるのです。つまり、私は教えると同時に、教えられているわけです。

このように考えるメリットは、**いやなこともいいことと似ているととらえることができ、ひいては不幸も幸福と似ているととらえられることです**。不幸と幸福が似ているというのは、たとえばどちらも偶然起こる点、どちらも避けられない点、どちらも意識の問題である点などです。

そういえば、「幸か不幸か」という表現がありますね。あれはまさにある出来事が不幸なのか幸福なのか判別がつかない状態があることを示しています。何を基準にするかで変わってくるからです。ある人にとっては不幸なことが、別の人にしてみれば幸福になる。

これは実は幸福に隠されたパラドックスであるともいえます。誰かの幸福の裏には、必ず別の誰かの不幸があるのですから。そうすると、幸福を喜んでばかりもいられなくなります。正義の味方が幸福になって、悪者が不幸になるならいいじゃないかという人もいるかもしれません。でも、はたして正義の味方と悪者は、そう簡単に区別できるものなのでしょうか？

戦争で勝った国の国民は幸福がもたらされたといいます。反対に負けた国の国民は不幸になったというでしょう。でもこの場合、どちらの国に正義があるのか一義的に決めるのは難しいと思います。

自分のことなら、自分が嬉しければそれで幸福だということになるのでしょうが、第三者になると話は別です。**世の中の幸福を考える時は、特に慎重になる必要があります。自分のことばかりではなく、あらゆる人の立場を考慮にいれて幸福を考えなければならないからです。**

そして、人の幸不幸は、当然自分にも影響してきます。ということは、本当は自分のことでさえも、何が幸福で何が不幸なのか決めるのは、とても難しいことなのです。

幸福を計算する

『プロタゴラス』の中にこんなシーンがあります。プロタゴラスとソクラテスが対話をする中で、大衆が快楽に負けるのはなぜかを考えるのです。最初ふたりは、人間が欲望に引きずられる点で、知識など無力だと仮定します。だから悪いと知っていながらも、快楽に負けてしまうのだと。

ところが、大衆が快楽に負けていると思っていた現象は、実際には無知に起因していることが判明するのです。人間が幸福に生きるためには、快楽の量を正しく計算する必要があるにもかかわらず、それがうまくできていなかっただけなのです。いわば計算間違いです。知識さえしっかりしていれば、欲望に負けることはないというわけです。

つまり頭を使って計算をすれば、欲望に負けて快楽にふけり、人生を破滅させるようなこともないのです。**不幸になるのも幸福でいられるのも計算次第ということになります。**でも、はたして幸福など計算できるのでしょうか？

『幸福の研究』の著者デレック・ボックによると、「ブータンは、今のところ国民の幸福を国の主要目標として採用している唯一の国家であるが、そうした考えは他国の政府の注目も集めつつある」そうです。たしかに、幸福を政策の目標に掲げ、様々な指標を取り入れている国や自治体の例を耳にします。

その多くが国民の主観に頼っているのです。**一国の幸福を考えるためには、国民が何を快楽と感じるか総計するより他ありません**。これはベンサム（Jeremy Bentham 1748-1832）の功利主義的な快楽計算と同じ原理です。

ベンサムは、「最大多数の最大幸福」というスローガンに象徴されるとおり、できるだけ多くの人ができるだけ多くの快楽を享受できる状態が正しいと考えました。それが社会にとっての幸福だというのです。もちろんこの考え方には批判があります。それは、少数者を犠牲にしているという点です。

前に誰かの幸福は誰かの不幸だと書きましたが、まさにその話です。ただ、それを前提にした上で、なお私たちは社会の幸福を追求していく必要があります。そうでないと、1つの共同体で生きていくことは難しいでしょう。

私たちにできるのは、幸福計算の精度を高めていくことだけです。それは不幸になる少数者をできるだけ減らす努力を意味します。自分と異なる立場の人たちへの配慮といってもいいでしょう。

これは個人が幸福の計算をする場合も同じです。**まず私たちは自分自身が何に快楽を覚えるのかリストアップしていかなければなりません。それをうまく組み合わせて、日常が最大限楽しくなるようにプログラムを組みます。**

最後に、共同体と同じで少数者への配慮をする必要があります。自分の快楽計算によってどれだけの迷惑が人にかかるのか、どうすればその迷惑を最小化できるか考えるのです。そうして**幸福計算の精度を高めることで、私たちは幸福自体の精度を高めることができるのです**。他者に迷惑をかけていては、いずれはどこかで歪が生じ、自分に返ってきますから。

コップの中の水を正しく判断する

ここでは幸せになるために、物事や考え方を相対化するという話をしてきました。これについては、よくコップの真ん中まで入った水を、もう半分と考えるかまだ半分と考えるかというたとえがされることがあります。もう半分と考えるのは、あせりや積極性を意味し、反対にまだ半分と考えるのは、心の余裕や消極性を意味するといわれます。しかし、答えはどちらでもありえます。だからうまく使い分ければいいと思うのです。

プロタゴラスは、**誰の判断も真であるという点では等価だけれども、よい判断と悪い判断があるという点で、知者と愚者の区別が成立するといっています。**物事の判断には真偽はないけれども、いいか悪いかの判断はある。これは先ほどのコップの水にも当てはまります。まだ半分でももう半分でもいいけれども、それがいいか悪いかははっきりさせる必要があるのです。なぜなら、それが知者と愚者の区別でもあるからです。

たとえば、夏休みがまだ半分あると考えた時、もし夏休みの宿題がまだ終わっていないような場合には、悪い判断だといえます。この場合あなたは愚者です。そして宿題が終わらずに不幸になってしまうでしょう。

これに対して、夏休みがまだ半分あると考えたとしても、前半は病気で寝込んでいたような場合には、いい判断だということになるでしょう。この場合は知者です。前半病床で過ごした時間を悔いることなく、現状を楽しむことで幸福になれるからです。幸福になるためには、一見同じ状況でも、それを目的に照らして正しく判断する必要があるのです。

ところで少し話は変わりますが、**コップの中の水の判断でいうと、通常中身の話はしないと思いますが、これも幸福にとっては大切な要素です。なぜなら、量だけで判断できないこともあるからです**。つまり、夏休みのたとえを用いるなら、残りの半分が悪天候だと予想される場合、同じ半分でももう半分しかないと考えざるを得ないからです。特に大人の夏休みは日本の場合1週間もありませんから、これは大問題です。

このように現実の人生の中では、物事は常に質を考慮して正しく判断する必要があります。実はこの話は、快楽計算のところで紹介したベンサムの功利主義に対してJ・S・ミル（John Stuart Mill 1806-1873）が投げかけた批判に他なりません。

ミルは幸福を量だけで判断するなんて、何を食べても満足する豚と同じだとして、「豚向きの哲学」と痛烈に批判したのです。そして快楽の質を考慮すべきことを訴えたのです。彼はゲームと詩を読むことから得られる快楽は異なるといいます。もちろん詩を読むことのほうが高尚で、より幸福になれると考えるわけです。

ちょっとエリート主義の匂いがしますね。それもそのはず、ミルは3歳のころから父親に英才教育を受けてきたエリートなのです。正直にいうと、ゲームをするほうが詩を読むより幸福だという人のほうが多いのではないでしょうか？ **多分幸福の質は、人によって違うのでしょう**。私も高級料理よりB級グルメのほうが好きですが、なんでもいいというわけではありませんから。

―条件9―　ポイント

宇宙規模で考えることによって
不幸のサイズを相対化する。

人生は直線ではなく、
ぐねぐね道だと思うと幸福になれる。

嫌なこともいいことだと思えれば
不幸は幸福に変わる。

不幸になるのも
幸福でいられるのも計算次第。

幸福になるには、
量だけでなく質を考慮して
正しく判断する必要がある。

条件10

社交的になる

公共哲学の視点

コミュニケーションする
外向的になる
友達をつくる
ケータイを捨てる
社会貢献する

コミュニケーションする

最後に公共哲学の視点から、何人かの哲学者を挙げながら幸福になるための条件を考えてみたいと思います。公共哲学というのは、自分と社会をいかにつなぐかを考える学問です。哲学の中では、比較的新しい分野だといえます。私たちは日ごろ、自分のことしか考えないか、反対に社会のことを考えろといわれると、そっちのほうばかり考えてしまう傾向にあります。つまり、自分と社会をつなげて考えようとしないのです。

でも、**幸福を考えるには、社会が幸福でも自分が不幸だと意味がないのと同様、自分だけが幸せでも、社会が不幸だと本当の幸福は得られないのです。だから自分の幸福と社会の幸福をいかにつなぐかを考える必要があるわけです。**

基本的には、それは社交的になることによって可能になるのではないかと思っています。人と交わることで幸福になりますし、また人の交わりを社会と呼ぶからです。まずはコミュニケーションの意義から確認していきましょう。

普通の人にとっては、誰とも話さない日が一番苦痛だといいます。たしかに家族はもちろんのこと、友達がいないのはつらいことです。しかし、ただ話せばいいかというと、そう簡単でもないのです。**コミュニケーションにも作法があって、それをないがしろにすると、幸福どころか不幸さえ招きかねません**。そこで参考になるのがハーバーマス(Jürgen Habermas 1929-)の「コミュニケーション的行為」という考え方です。

ハーバーマスはドイツの哲学者で、今なお現役で活躍しています。フランクフルト学派と呼ばれるドイツの思想集団の第2世代で、公共性の問題について議論をリードしてきた公共哲学の旗手といえます。

ハーバーマスの関心は幅広いのですが、一言でいうと開かれた討議の意義を論じてきたといっていいでしょう。近代までの哲学や思想では、人間の理性に絶大なる信頼を置いてきました。その理性のおかげで、人類は進歩してきたと考えるからです。この場合の理性は目的実現のための道具であって、いわば「道具的理性」と呼ぶことができます。

ところが、実際には、理性は戦争や貧困など多くの悲劇も生んできました。ハーバーマスはその原因として、理性が目的達成のための道具になり下がってしまった点を挙げるのです。**理性が目的のための道具になると、暴力を使ってでもそれを達成しようということになるからです**。

これを避けるためにハーバーマスは、「コミュニケーション的理性」という提案をしています。つまり、**目的を達成するために相手を説得しようとするのではなく、あくまでも開かれた態度で相手の話を聞き、共に何かをつくり上げていこうとする態度のことです。**

具体的にはコミュニケーション的理性は、次のような3つの原則によって実践されます。つまり、①参加者が同一の自然言語を話すこと、②参加者は事実として真であると信じることだけを叙述し、擁護すること、③すべての当事者が対等な立場で参加することです。

これらは皆、自分の主張を押し通すためというよりは、むしろ相手の話を聞くための態度であるといえます。ハーバーマスのコミュニケーション的行為が素晴らしいのは、相互了解に共通の関心を抱く市民らが、対等な立場のもとに討議を行い、その過程において自らの判断や見解を変容させていくものとしてとらえている点です。**議論することによってお互いに考えが変わる可能性があるということが大事なのです。それこそが本当のコミュニケーションだといえるでしょう。**

これは決して相手に譲るという消極的な態度ではありません。それでは自分が幸福になることはできないからです。公共哲学が目指す幸福は、あくまで相互的なものでなくてはなりません。

近年、アサーティブなコミュニケーションの意義が説かれます。アサーティブとは、受け身（パッシブ）でも攻撃的（アグレッシブ）でもない、きちんとした自己主張のことをいいます。つまり、**相手に意見を押しつけずに、それでいてきちんと自分の意見を主張するようなコミュニケーションが求められているのです**。その意味で、ハーバーマスのいうコミュニケーションもアサーティブなコミュニケーションなのです。誰もがアサーティブに意見を主張することではじめて、自分も社会も幸福になるのだといえます。

外向的になる

コミュニケーションだけでなく、そもそも行動自体をもっと活発にして外向的になることで、私たちはより幸福になれると思います。その意味で外向的な性格になることをお勧めしたいのです。

ここでいう外向的とは、一言でいえば積極的という意味なのですが、とりわけ自分の人生を切り開くことに積極的な態度を指しています。なんでもチャレンジし、逆境をはねのけて夢を実現する。そんな態度です。そして公共哲学の視点からは、社会をも変えるという要素をつけ加えたいと思います。

ここではサルトル（Jean-Paul Charles Aymard Sartre 1905-1980）の実存主義が役に立つのではないでしょうか。サルトルはフランスの哲学者ですが、20世紀の知のスターと称されるほど、世界中に大きな影響を与えた人物です。哲学だけでなく、文学や戯曲の世界でも才能を発揮し、ノーベル文学賞にもノミネートされたほどです。しかしそれを辞退したので、さらに名声が高まりました。

一般的にサルトルの実存主義は公共哲学として論じられることはありません。しかし、私が定義する公共哲学は、あくまで自分と社会をつなぐということの意味を本質的に考察するといった意味なので、必然的に幅広いものになるのです。別に絶対的なルールがあるわけではありませんから、使えるものはなんでも使えばいいのです。幸福になるには貪欲さも必要です。

さて、サルトルは、自由の意味を追求する中で、実存主義を唱えるに至りました。つまり、**人間はすでにあるなんらかの本質に支配された存在では決してなく、自分自身で切り開いていくべき実存的存在に他ならないというわけです**。彼はこれを「実存は本質に先立つ」と表現しています。実存というのは存在のことで、本質というのは予め決められた運命みたいなものだと思ってもらえばいいでしょう。

たとえば目の前に歯ブラシがあるとします。歯ブラシは何のためにつくられたかといいますと、歯を磨くためです。その運命は最初から決められており、歯ブラシがどうあがこうと（どう磨こうと!?）、その運命を変えることはできないのです。この場合は歯磨きに使うブラシという本質（運命）が、その後の歯ブラシの実存（使われ方）に先立ってしまっているわけです。

ところが人間はどうでしょうか？　人間は最初はなんでもない存在なのです。それが後になってはじめて人間になる。しかも自らつくったところのものになります。ここには無限の可能性があるといえます。だから実存（生き方）が本質（運命）に先立つというわけです。

サルトルは、人間の自由をしばる結婚や、人を無理に戦争に引っ張り出すような国家のあり方に抗おうとしました。そして自らも恋人ボーヴォワールと法にしばられない自由な契約結婚を実践したり、反戦運動に参加したりしたのです。

社会を批判するのは簡単です。でも、実際に働きかけないと何も変わらないのです。彼はこの積極的な社会参加を「アンガジュマン」と呼びました。**アンガジュマンこそが自分と社会をつなぐツールでもあるのです。幸せをつかむための運動といってもいいでしょう。**

だからといって、反戦運動に参加せよなどといいたいわけではありません。異業種交流会でもパーティーでもなんでもいいのです。**要は人と積極的に接し、何かを変えようとすることです。その目的さえあれば、ひいてはそれが社会変革につながっていきます。**

私は誰でも気軽に哲学ができる場として、商店街の中で「哲学カフェ」を開催しています。ここに集まってくる人たちは、やはり何かを変えようとしています。自分の人生、そして問題だらけのこの世の中。やることは話し合うことだけですが、わざわざ人と哲学をしに来ているわけですから、それ自体立派なアンガジュマンだといっていいと思うのです。

友達をつくる

自分と社会をつなぐことで幸せになるという視点からは、友達をつくるのもその方法の1つとして挙げられるでしょう。友達をつくることのメリットは今更並べ立てる必要もないかもしれませんが、なかなかリストアップする機会もないでしょうから、少し考えてみたいと思います。

まず、**友達は自分にないものを教えてくれます。**だから最初は、「あいつ面白い」と思って付き合いだすことが多いのではないでしょうか。それはつまり、自分にないものを持っているから、興味を覚えるのです。自分の知っていることしか知らない。あるいはそれ以下のことしか知らないようなつまらない人と一緒にいようという人はいないはずです。

あるいは、**友達は自分を認めてくれます。**人間は弱い存在です。何かあったらすぐにへこみます。選択にも自信を持てません。そんな時友達に相談するのです。もちろん私たちが一番期待する答えは、自分の思っていることを追認して、後押しさえしてくれるような内容です。

人に相談する場合、たいていすでに答えは出ているのです。でも、誰かにそれを認めてもらわないと不安なのです。その役目をかって出てくれるのが、友人です。家族だと余計な心配を優先させるので、思ったような答えが望めません。まったくの他人もだめです。本人の答えなどお構いなしに、冷徹な判断をくだしますから。

さらに、**友達は私たちを成長させてくれます**。友達というのは、自分の鏡であるだけに反面教師にもなります。友達の反応を見て、自分の行いの是非を判断するということもあるでしょう。


友人をつくることで幸せになるということの意味が、これでよくわかっていただけたのではないでしょうか。そんな友達の意義について考える上で参考になるのが、レヴィナス（Emmanuel Lévinas 1906-1995）の哲学だと思うのです。レヴィナスはユダヤ系の哲学者で、ナチスに捕えられたり、家族を殺されたりした経験を持っています。だからでしょうか、他者の存在に着目し、他者への倫理を説いています。

どうしてそのレヴィナスの思想が参考になるのかというと、友達とは他者の代表であ

ると考えられるからです。『全体性と無限』という主著の中で彼は、求められるにもかかわらず、決して満足されないものを「欲望されるもの」と呼びます。その対象は、決して充足されることのないような、無限に追い求めることのできるものです。それが他者なのです。だから他者は誰にも所有されないのです。

他者の存在についてレヴィナスはこんなふうにいっています。「絶対的に異邦的なものだけが、私たちを教えることができる。そして、私にとって絶対的に異邦的でありうるのは人間の他にない。人間だけがいっさいの類型学に、すべての類に抵抗し、性格学のすべてと分類のいっさいに抵抗するからである。だから人間が『認識』の目標となった場合でも、その認識は最終的には対象のかなたまで突きぬけていくことになってしまう。そのことこそが他者の異邦性であり、他者の自由に他ならない」と。

他者としての友人は、このように絶対的に他なる存在なのです。だから手に入れることなどできません。思い通りにはならないのです。しかし、だからこそ私たちの外側から、いつも見つめてくれています。それはもう自分にとっての規範といってもいいのではないでしょうか。友達の反応を見て物事を判断するのですから。

レヴィナスは、**他者の存在そのものが「倫理」なのだといいます**。**つまり他者とのこ**

の関係こそが倫理であって、私という存在を成り立たせてくれるのです。たしかに友人との人間関係はとても大事ですよね。友人関係とはお互いのルールをきちんと守ること、適切な距離を保ち続けることであるといっても過言ではありません。

ひとたびその距離を間違うと、すぐに関係が悪化してしまいますから。突き放し過ぎず、入り込み過ぎずがいいのです。その意味で、友人関係そのものが「倫理」だといえるのかもしれませんね。**そして倫理が保たれている限りにおいて、私たちは友人と幸福な関係でいられるのです。**

ケータイを捨てる

社会は常に進化しています。私たちの歴史はテクノロジーの歴史だといってもいいくらいです。そしてテクノロジーの進化は、私たちを幸福にすると同時に、不幸にもしてきました。これはいつの時代も同じです。そもそも新しいテクノロジーは、私たちの不便を解消するために生み出されるのですから、当然幸福をもたらします。**ところが、何事にも副作用があるものです。テクノロジーも例外ではありません。**

たとえば、車や電車の登場は、人々の距離をあっという間に縮めました。しかし、他方でゆったりと過ごすことを忘れさせ、人々はせわしなく生きざるを得なくなっていきます。あるいは事故も増えました。これが不幸な側面です。とはいえ、交通手段の進化によって幸福が失われているとまではいえないでしょう。

これに対して現代の通信やコンピューターにおける進化は、少し話が違ってきます。**これらのテクノロジーは、ハイテクノロジーと呼ばれるように、これまでの技術の進化とは質を異にしているのです。どう違うかといいますと、人間を疎外している点です。**

私にいわせると、人間から幸福を奪っている点です。

とりわけケータイ電話の進化は目覚ましいものがありますが、あれはもはや電話ではなく、モバイル個室です。つまり、あまりにもなんでもできるため、人々はすべてを持ち歩いているようなものなのです。仕事から遊び、そして生活そのものも含めて。歩きながら仕事をこなし、ゲームをし、人とコミュニケーションをとり、生活に必要なものをオーダーする。ケータイが片手に納まるものであるだけに、すべて移動しながらできるのです。

さすがにその実態に合うように「スマートフォン（賢い電話）」などという別の名称がつきはじめましたが、そのうち「ウォーキングライフ（歩く生活）」という名称に変わるのではないかと思っています。

ここでの問題は、**人々がますます個人主義的になり、利己的になっていくことです**。電車に乗っていても、オフィスや教室でも、また道を歩いている時でさえも、誰もその場にいる人と話そうとしません。黙ってケータイの画面に目をやるか、ケータイに向かって（最近はハンズフリーなので、宙に向かってひとり言をいうように）話していますす。これは異様な光景であるばかりでなく、不快で危険な状態でさえあります。

不快というのは、その場にいる人とのコミュニケーションを拒絶しているという意味で、周囲の人に対して失礼だということです。あまりにも利己的ではないですか。その意味で私は、ケータイのことを「cell phone」ではなく「selphone」と綴るべきだとアメリカでいったら、大うけでした。cell phoneとはケータイのことですが、selfish（利己的な）なphone（電話）でselphoneという造語をつくったのです。発音はまったく同じです。

もちろん、誰もがそれでいいと思いはじめればこの点はクリアーできるでしょう。しかし、危険であることは避けようがありません。ケータイとしかコミュニケーションできない人たちが増えると、人間のコミュニケーション能力そのものが退化していきます。**コミュニケーションというのは、距離感や空気など、総合的なものですから。対面でやるのが一番なのです。**進化しているつもりが、気づけば退化していたなんて、しゃれにもなりません。

私たちはついつい進化を絶対視してしまうのですが、そこは意識の転換が必要です。これも自分と社会の関係を考える公共哲学の1つといえます。フランスの文化人類学者レヴィ＝ストロース（Claude Lévi-Strauss 1908-2009）は、ここで重要な示唆を与えてくれます。

もともとレヴィ＝ストロースは、哲学を教えていたのですが、ブラジルに赴任したのを機に文化人類学にシフトしていきます。そして現地での未開民族のフィールドワークを通じて、未開民族の風習の中にも高度な規則構造があることを発見します。こうして構造主義と呼ばれる立場を確立しました。

つまり、**構造に着目すると、未開人の思考は粗野で単純なのではなく、現代文明のそれとは発想が異なるだけだということが見えてくるのです**。たとえば動植物の分類に関して、私たちはつくりや性質など中身の違いを基準にしますが、未開人はトーテム的分類といって、外見の違いを比較します。それは必ずしも劣っていることを意味しないのです。レヴィ＝ストロースはこれを「野生の思考」と呼びます。同名の著書もあります。

象徴的なのは「ブリコラージュ」の概念でしょう。ブリコラージュというのは、その場その場で、あり合わせの断片を材料にして作品を組み立てることをいいます。一般に、「器用仕事」などと訳されます。

これに対して、近代科学の思考は、技師があらかじめ全体的な計画にもとづいて、一義的に機能が定義されている部品を用いて製品を組み立てるものです。日曜大工を思い浮かべてもらえばわかるように、とりあえずあり合わせの材料でなんとかまかなったほうが、便利で役立つことがあるのです。

そしてもちろん、そのほうが幸福感を得られることがあるわけです。私たちはテクノロジーを媒介にして社会とかかわっていくわけですが、時にそれは人間関係を疎外する危険性を伴います。だからこそ、**幸福になるためには、立ち止まってテクノロジーのあり方を見直す必要があるのです。ちょっと過激かもしれませんが、私はあえてこう叫びたいと思います。「ケータイを捨てて、幸せになろう!」と。**

社会貢献する

公共哲学の視点から幸福になるためのヒントとして、最後にハンナ・アーレント（Hannah Arendt 1906-1975）の思想をご紹介しておきたいと思います。彼女の思想は、サルトルやレヴィナス、レヴィ＝ストロースのそれとは異なり、誰もが公共哲学とみなすものです。

アーレントはユダヤ系のドイツ人で、もともとはハイデガーやフッサールに師事して、ドイツで研究を行っていました。しかし、ナチスによる迫害を避けてアメリカに亡命せざるを得ませんでした。そこで自らの体験をもとに、全体主義のメカニズムを分析した『全体主義の起原』や、公共哲学の古典ともいえる『人間の条件』を著して注目を浴びます。

彼女は、**公共性を2つの次元で論じています**。**それは「現れの空間」と「共通世界」です**。「現れの空間」とは、いわば人が突然現れる空間といっていいでしょう。人が突然現れる時、私たちは予めその人に対して先入観を持つことはできません。公共空間ではこうした態度が求められるというのです。決めつけは禁物です。それが人と人との間に壁をつくることになる原因です。

もう1つの「共通世界」では、「間」という概念が強調されます。なぜなら、間というのは、異なる者同士の関係性においてはじめて成立しうるものだからです。私とあなたという時、私とあなたの間には間が存在しているのです。そうでないと私とあなたは同一人物になってしまいますから。

ここでアーレントが強調するのは、多様性の大切さです。いい換えると、公共哲学とは、社会の中における多様性の意義を論じるものであるといってもいいかもしれません。その多様性の中で自分が何をすることができるのか考えるのです。

アーレントは仕事の意味を分類することで、自らこの問いに答えています。彼女は「労働（レイバー）」、「仕事（ワーク）」、「活動（アクション）」という3つを分けて考えます。「労働」は作業で、消費されるものであるのに対して、「仕事」はものづくりで、生み出された製作物は使用されるわけです。前者は生きていくのに必要不可欠な営みで、後者はあるとよりいい営みといえるでしょう。

これに対して「活動」は少し異なります。典型例は、人と人とをつなぐ草の根の社会活動や地域での活動ではないでしょうか。**アーレントは「労働」よりも「仕事」が理想で、さらに「活動」を加えることが大事だといいます。この活動によって、人は社会に貢献することができるのです。**これこそ多様性の中で、自分にできることなのです。社会への貢献は幸福をもたらします。自分が社会に貢献しているという喜びと充実感を覚えることができるからでしょう。

ポジティブ心理学を唱えるショーン・エイカーは『幸福優位の7つの法則』の中で、1日1回前向きな行動を3週間続けることで、その影響がずっと続くと主張しています。たとえば、次の5つの行動から1つ選べばいいといいます。

①ありがたく思っていることを3つ書き上げる、②「ソーシャル・サポート」（身近な人間関係における相互支援）のネットワーク内の誰かに向けて、前向きな内容のメッセージを書く、③自分の席に座って2分間瞑想する、④10分間運動する、⑤24時間以内で一番有意義だった出来事を2分以内で記述する。

いずれも、なるほどと思わせる内容ですが、この中でも最も効果的なのは、②のソーシャル・サポートだというのです。**なんと、人の仕事を手伝うなどのソーシャル・サポートを提供する人たちは、自分の殻に閉じこもっている人たちと比べて、仕事への集中度が10倍、昇進の可能性が40％も高いといいます。**

このように、アーレントの思想は実証されてもいるわけです。**あなたにしかできないことで、人を助ける。それが幸福への近道なのです。**さて、あなたはどんな貢献ができますか？

―条件10―　ポイント

自分の幸福と社会の幸福をつなげないと、
本当の幸福は得られない。

社会に積極的に働きかけることで、
幸福をつかむことができる。

友人をつくることで
幸せになれる。

テクノロジーのあり方を見直すことで、
幸福が見えてくる。

自分にしかできないことで
社会に貢献すると幸福になれる。

補講——「ポジティブ哲学」の世界へようこそ

最後にまとめとして、本書の冒頭で言及した「ポジティブ哲学」についてお話ししておきたいと思います。なぜこの話を独立させて最後に持ってきたかといいますと、別にこれを知らなくても十分幸福になれるからです。でも、実は本書で述べてきたことのすべてが、理論としてはこの「ポジティブ哲学」に集約できるように思うのです。そこで、少しだけ紹介させてもらいたいと思います。

「はじめに」でも書いたように、今、幸福論といえば、心理学とりわけポジティブ心理学の独占状態にあります。日本語では肯定心理学などと訳されたりすることもあります。私はこのポジティブ心理学に対抗して、ポジティブ哲学を提案したいと思うのです。したがってまず、ポジティブ心理学がいったいどのようなものなのか確認しておきます。

ハーバードで絶大な人気を誇るポジティブ心理学の第一人者タル・ベン・シャハーは、著書『HAPPIER』の中で次のように説明しています。「肯定心理学（ポジティブ・サイコロジー）——一般的な定義は『人間の最適機能に関する科学的研究』——は、1998年、米国心理学会の会長マーティン・セリグマンにより、心理学の一分野として公式に立ち上げられました。従来の心理学は心の病に焦点を当ててきましたが、肯定心理学の焦点は心の健康にあります」と。

つまり、内容としては、なぜ精神的におかしくなるのかを研究するのではなく、どうすれば心が明るくなって、幸福な気持ちになれるかを研究する学問なわけです。ただし、従来の学問と異なるのは、まさにタル・ベン・シャハー自身の試みがそうであるように、決して象牙の塔に閉じこもる閉鎖的なものではない点です。

彼はそんなポジティブ心理学の役割について、「象牙の塔と表通り——科学界の厳格さと自己啓発運動の楽しさ——のあいだの、ギャップを埋めること」だといいます。だからこそわかりやすくて、実践的なアイデアが色々と提示されているわけです。たとえば、本書の条件10で紹介した「1日1回前向きな行動を3週間続けることで、その影響がずっと続く」というショーン・エイカーの主張のように。

以上からわかるのは、ポジティブ心理学が、内容的には心を明るくして幸福をもたらし、形式的にはアカデミズムと自己啓発の間にあるという点です。実は、これこそまさに私が哲学を使って目指そうとした試みに他なりません。

一般に哲学とは、難解な屁理屈の固まりだと思われていることから、まさか幸福になるために役立つなどとは思われていません。しかし、そこを専門家が少しわかりやすく解釈すれば、急に使える知識に激変するのです。それが事実かどうかは、本書をお読みいただいた方にはすでにわかっていただけるかと思います。

したがって、哲学もまた、私のような哲学の専門家がアカデミズムと自己啓発の橋渡し役となることで、ポジティブ心理学と同じように幸福をもたらすための学問になりうるわけです。しかも、「ある行動をとると、こういう効果が得られる」という実証結果だけに依拠する心理学と異なり、哲学の場合は徹底的にその根拠を探究します。物事の本質を批判的根源的に探究するのが哲学の役割だからです。

これによって、幸福になるための哲学である「ポジティブ哲学」もまた、しっかりとした根拠を持った学問として位置づけることが可能になるのです。それは決して催眠術のような怪しく、いい加減なものではありません。もちろんポジティブ心理学がそうだというわけではありませんよ。

でも、少なくとも、私の提唱するポジティブ哲学は、そのような曖昧であやふやな部分をすべて払拭した確かな学問であるといえるのです。とりもなおさずそれは、幸福の実現というこの学問の目的自体も確かなものにすることを意味します。

その方法は、すでに本書で実践してきたとおりですが、少しまとめておきましょう。まず、哲学の古典から幸福になるためのヒントを探る。次に、そこで論じられている事柄の本質を自分なりに批判的、根源的に探究する。最後に、そこで発見した本質を幸福になるためのノウハウとして応用できる形にして提示するというものです。

たとえば、条件9で、プロタゴラスの「人間は万物の尺度である」という言葉を取り上げ、その本質を相対主義としてとらえることで、不幸のサイズを相対化する「宇宙思考」を提示したように。

本書は、そんなポジティブ哲学を実践した世界初の試みといっていいでしょう。皆さんは、その世界初の試みにお付き合いいただいたことになるのです。そしてこれからはその試みを、自ら実践していただくことになるわけです。ポジティブ哲学の世界へようこそ！

おわりに――人生を笑おう！

さて、『絶対幸せになれるたった10の条件』はいかがでしたか？　自分でいうのもなんですが、これをざっと読み返しただけで、また力が湧いてきました。幸福とはつくづく気持ちの問題だなと思います。

だからもっと気持ちを高めないといけないですね。本書であまりふれなかったことですが、もう1つだけ幸福になるために大切な要素があります。それは笑うことです。「笑う門には福来る」というように、笑いには幸福を呼び寄せる効果があるのです。

条件1で紹介したアランは、「天気の悪い時にはいい顔を」といっています。つまり、陰鬱な雨の日こそ、うっとうしい顔をせずに、笑顔でいようというのです。そうすることで楽しい気分になれるのだと。

笑いながら怒るのは難しいものです。だから逆説的ですが、笑顔をつくると気分までよくなるのではないでしょうか。ということは、24時間365日笑っていれば、いつも幸福でいられるわけです。
実は私は、これを実践してみたことがあります。といっても1時間ほどだけですが。そうすると、その1時間は本当に幸福に過ごすことができたのです。騙されたと思って一度やってみてください。驚くべき効果が得られますから。
そこで、「おわりに」に代えて最後に私がいいたいことは1つです。「人生を笑おう！」

さて、本書の執筆に当たっては、多くの方々に大変お世話になりました。とりわけ執筆の機会を与えてくださり、構想の段階から完成に至るまで粘り強く支えてくださった教育評論社の小山香里さんには、この場をお借りしてお礼を申し上げたいと思います。また、いつも笑顔で幸福を与えてくれている家族にも感謝の意を述べたいと思います。最後に、本書をお読みいただいたすべての方に改めて感謝を申し上げます。

２０１３年10月吉日
小川仁志

参考文献

アラン、神谷幹夫訳『幸福論』岩波書店、1998年
アリストテレス、高田三郎訳『ニコマコス倫理学』（上・下）岩波書店、1971年・1973年
内山勝利編『ソクラテス以前哲学者断片集』（第3分冊）岩波書店、1997年
エピクロス、出隆、岩崎允胤訳『エピクロス―教説と手紙』岩波書店、1959年
大石繁宏『幸せを科学する』新曜社、2009年
クロード・レヴィ＝ストロース、大橋保夫訳『野生の思考』みすず書房、1976年
ケリー・マクゴニガル、神崎朗子訳『スタンフォードの自分を変える教室』大和書房、2012年
ケン・ロビンソン他、秋岡史訳『才能を引き出すエレメントの法則』祥伝社、2009年
J・P・サルトル、伊吹武彦訳『実存主義とは何か』人文書院、1996年
ショーペンハウアー、西尾幹二訳『意志と表象としての世界』（1～3）中央公論新社、2004年
ショーペンハウアー、橋本文夫訳『幸福について』新潮社、1957年
ショーン・エイカー、高橋由紀子訳『幸福優位7つの法則』徳間書店、2011年
ソニア・リュボミアスキー、金井真弓訳『幸せがずっと続く12の行動習慣』日本実業出版社、2012年

ダニエル・カーネマン、友野典男他訳『ダニエル・カーネマン心理と経済を語る』楽工社、2011年
タル・ベン・シャハー、坂本貢一訳『HAPPIER』幸福の科学出版、2007年
デレック・ボック、土屋直樹他訳『幸福の研究』東洋経済新報社、2011年
パスカル、前田陽一他訳『パンセ』中央公論新社、1973年
ハンナ・アレント、志水速雄訳『人間の条件』筑摩書房、1994年
ヒルティ、草間平作訳『幸福論』(第一部〜第三部)岩波書店、1935年〜1965年
プラトン、中澤務訳『プロタゴラス』光文社、2010年
マティアス・ビンズヴァンガー『お金と幸福のおかしな関係』新評論、2009年
ユルゲン・ハーバーマス、河上倫逸他訳『コミュニケーション的行為の理論』(上)未來社、1985年
ラッセル、安藤貞雄訳『幸福論』岩波書店、1991年
レヴィナス、熊野純彦訳『全体性と無限』(上・下)岩波書店、2005年・2006年
老子、蜂屋邦夫訳注『老子』岩波書店、2008年
『ハーバード・ビジネス・レビュー』(第37巻第5号)ダイヤモンド社、2001年

小川仁志　おがわ ひとし

1970年、京都府生まれ。京都大学法学部卒、
名古屋市立大学大学院博士後期課程修了。博士(人間文化)。
哲学者・徳山工業高等専門学校准教授。
米プリンストン大学客員研究員(2011年度)。
商社マン、フリーター、公務員を経た異色の哲学者。
商店街で「哲学カフェ」を主宰するなど、
市民のための哲学を実践している。
専門は公共哲学および政治哲学。
著書に、『7日間で突然頭がよくなる本』(PHP研究所)、
『すっきりわかる! 超訳「哲学用語」事典』(PHP研究所)、
『一瞬で100のアイデアがわき、
一瞬で1000人の心がつかめる本』(幻冬舎)等多数。

絶対幸せになれるたった10の条件

2013年11月22日　初版第1版第1刷発行

著者　小川仁志

発行者　阿部黄瀬

発行所　株式会社　教育評論社

〒103-0001

東京都中央区日本橋小伝馬町12-5YSビル

TEL 03-3664-5851

FAX 03-3664-5816

http://www.kyohyo.co.jp

ブックデザイン　寄藤文平＋杉山健太郎(文平銀座)

印刷製本　萩原印刷株式会社

ISBN 978-4-905706-80-9

定価はカバーに表示してあります。

落丁・乱丁本は弊社負担でお取り替えいたします。